億元教授上課了！

寫給理財小白的第一本債券投資書

鄭廳宜 —— 著

CONTENTS

目錄

CONTENTS

目錄

股債組合，財富自由

慈善家、投資家｜老周

有人說：「投胎當人，不是來還債就是來報恩。」

還有法師說：「子女是緣也是債，有的來報恩，有的來討債。」

佛家講，「欲福慧具足，圓成佛道，要福慧雙修。」

教授說，「欲息利具足，財富自由，要股債組合。」

投資債券相關商品不是舉債，某種程度反而讓自己成為國家、政府、企業與金融機構的債主。不只投資，還提升身份，真是有氣質的金融商品。

億元教授在出版幾本股市投資暢銷書之後，出版有關債券投資的書籍，名列暢銷榜當然可期，重點是為什麼選在此時、而且選擇債券為投資主題？鄭教授當然有他獨到的見解與眼光，而且身體力行，不是只有空談。讓我們開卷有益，讀書而且獲利。

鄭教授判斷，2024 年美國聯準會很可能開始降息，基於債券殖利率與債券價格呈反向的理論與實務，投資債券的報酬率將有機會大於投資台股指數的報酬率。

　　投資債券，簡單說就是以某個價格買進債券相關商品、定期享領債息、到期收回債券所載面額的本金。（相關專業知識，本書有深入淺出的介紹。）教授出版債券投資的書籍想必是要分享大家：美國連續升息之後的「暫停升息及降息」所帶動債券相關商品的價格上漲。

　　如果教授所言無誤，那麼何時是進場時機？該買入哪些商品？書中都有客觀的歷史資料及中肯的建議。讀者會買教授的投資理財著作，想必也是對教授多年來投資的建議與行情的判斷有相當程度的信賴。身為一位投資網紅、媒體名嘴、投資講座貴賓，鄭教授的表現就算不是一百分，也應該平均表現優異，這是大家有目共睹的 K 線圖。

　　投資達人們的絕招五花八門，也有萬流歸宗屹立江湖，以不變應萬變，挑選幾家好公司，超長期持有，甚至主張一輩子不賣。既然一輩子不賣，其實跟買 20 年期美國公債幾乎沒什麼兩樣。

　　此話怎講？超長期持有股票不賣，不會有資本利得的實現，只有定期的股息可領；持有 20 年期美國公債，定期領債息，到期領回債券面額本金，再投入同等類似債券商品；以上兩者豈不異曲同工之妙？

　　所以，好好了解債券為何物，等同擁有一項可長可短的投資工具。可長，可持有優質長期債券至到期日（Maturity）；可短，可依需要於存續期間（Duration）處分。尤其，時機成熟，反而有機會勝過股票投資的報酬率。

　　能為親如手足的鄭教授新書作序，是無比的尊榮；讀者諸君若能展書閱讀，甚而因此受益，更是筆者由衷的祝福與願望。

〈虔誠賭徒布道書〉

我們回不去了，但債券回得去

2023 年下半年在美國財政部大量發債，造成 10 年期以上公債殖利率大幅上揚，美國 10 年期公債殖利率來到 4.32%，創下 2008 年 6 月以來最高，20 年以上公債 ETF 股價大都往下探底，也讓許多投資債券的投資人憂心忡忡。

經典台劇《犀利人妻》中女主角謝安真有一句話是：「可是瑞凡，我回不去了」成為經典名言。

但我總是對投資人說，「債券價格回得去」，不會讓投資人「等到花兒也謝了」，投資人擔憂是多餘的。

大多數的投資人對於債券的本質，不是「一無所知」就是「一知半解」，往往遇到債券價格下跌時，容易驚惶失措，為了讓債券投資人成為快樂投資人，本書就這樣誕生了。

2023 年下半年債券價格的下跌可喻為「失戀的債券行情」，年少輕狂失戀時，往往是喝著酒，淋著雨，行走在微亮的街道上，〈Rain and Tears〉這首老歌作為失戀的音樂，過幾年回憶那一段期間或是那一夜，或許有刻骨銘心，或許還有淡淡憂傷，或許感覺那一段失戀是那麼可愛的自己。總之「時間是治療心靈受創傷最好的良藥」。

諾貝爾經濟學獎得主克魯曼、前聯準會主席柏南克及聯準會主席鮑爾都認為，美國經濟將呈現「軟著陸」，為了避免美國經濟將出現「硬著

陸」，美國聯準會勢必將在明年啟動降息循環，且最有可能在上半年就降息，屆時將迎來投資債券的勝利。目前纏綿悱惻的情境將隨時間的過去，讓投資人破涕為笑，從此不會再讓它疼了。

股市無常，唯一不變的就是瞬息萬變！過去執著於股市的少年股神、鋼鐵人及航海王們，從不相信，到後來春去春又來想要等到花盛開，最後眼睜睜被套住，落個被無情歲月笑癡狂的下場。陳淑樺演唱的〈夢醒時分〉中有句歌詞「有些人你永遠不必等」。夢想「財務自由」對許多投資者而言，最後的結局常是南柯一夢罷了。

股市與做人一樣「痛則通，不痛則不通」，我們要從傷痛中記取教訓，過去投資人總是僅把資金配置於喧囂熱鬧的股市，其實在美國聯邦基金利率驟變之下，若把部分資金配置在債市作為避險，或買債券 ETF 做存股，未來兩三年將可享受豐碩成果的充實喜樂。因為未來幾年股債配置的報酬率，將有機會高於僅投資股市，股債配置將是投資人必須規畫的投資策略，也是本書分享的重點。

　　隨著 AI 科技的到來，藥物開發與治療方法大躍進，未來人類平均壽命勢必大幅延長。在普遍長壽的同時，所謂懶人投資的方法將不符合未來退休後可能面臨的養老年限增加，生活、保健、醫療……養老支出的需求大增。本書提供新思維，與你分享如何 Smart 存股，讓你能擁有人生無憂的下半場。

　　期勉投資人們振奮精神，調整戰鬥策略，跟著美國聯準會利率方向投資就對了！從現在開始擬好「投資債券策略」，等待、等待、再等待，等待即將再賺進一桶金吧！

　　有些事看著看著就淡了，有些人想著想著就忘了，有些夢做著做著就醒了！

　　願股債靈活配置的 Smart 投資人，走著走著，走向財務自由！

跟著全球最大主力賺錢

《琅琊榜》中,有一句霸氣的台詞:「既然他們要動用江湖勢力,我就要讓他們知道這江湖到底誰在作主。」

若應用在股市上:「投資人要進入股市,就要先知道股市是誰在作主。」

股市漲跌是由各國央行來決定,更精確地說,是由美國聯準會來主導。

華爾街有一句名言:「別跟聯準會作對,因為你永遠贏不了!」(You can't fight the Fed.)

2024 年,美國聯準會非常可能開始降息,屆時債券的波動率將有機會大於台股指數的波動率。簡單說,未來幾年在債券殖利率與債券價格呈現反比關係的架構下,投資債券的報酬率將有機會大於投資台股指數的報酬率。也可以說,投資債券的報酬率將有機會大於投資台灣 50ETF(0050)的報酬率。

今年以來美股四大指數、德法及日韓至 2023 年 6 月 30 日的表現:

• 道瓊指數上漲超過 3.2%至 34,212 點。

- 標普 500 指數上漲近 13.8%至 4,369 點。
- 納斯達克指數大漲近 30%至 13,573 點。
- 費城半導體指數更是狂漲超過 45%至 1,151 點。

為什麼從 2023 年以來，全球主要國家（中國除外）的股市大都大幅度上漲？原因很簡單，就如同過去我時常說的，「股市只有資金行情，沒有景氣行情」，只要市場資金充裕，大部分的金融商品就容易上漲，當然股市更是如此。例如，台灣第一季經濟成長率為 -3.02%，德國第一季國內生產總值（GDP）季減 0.3%，股價卻同樣大漲。

▍資金池還是有大量資金

資金多寡決定利率的高低，歐美大幅度升息，特別是美國聯準會暴力式的升息，股市資金池的資金應該大幅度流出減少才對。

這樣的思維在 2008 年之前是正確，因為 2008 年前未曾實施過「量化寬鬆貨幣政策」。簡單的說，2008 年之前市場資金多寡是由美國聯準會調升或調降聯邦基金利率而有所變化。2008 年之後市場資金多寡是由「量化寬鬆貨幣政策」所放出來的資金決定。

▎水龍頭與大水管理論

在前作《40歲開始子彈存股翻倍賺》中，我曾詳細說明「水龍頭與大水管理論」。

如果把投資市場中的房地產、黃金及股市等金融資產資金的多寡，比喻為一個大水缸裡的水，注入與放出水缸的水有水龍頭與大水管兩種工具。

當美國聯準會調降聯邦基金利率，可視為利用水龍頭放水進入水缸，金融資產隨著挹注進來的資金水變多而往上漲，但畢竟水龍頭的速度與量有限，為了推升水位，這時候就得出動大水管，金融資產才能漲得更快更猛，而這個大水管就是聯準會所實施的「量化寬鬆貨幣政策」（QE政策）。

2008年金融海嘯之後，美國聯邦基金利率從5.25％降至趨近於零，在無法以傳統貨幣政策改善經濟問題後，美國聯準會開始推出量化寬鬆貨幣政策，從聯準會的資產負債表來看，視為擴表。

簡單說，QE政策就是聯準會印鈔票購買長期債券。如此一來美國長債價格往上漲，長期債券殖利率往下降，降低利率將可釋出大量資金到市場上，等同於利用水龍頭與大水管挹注水進入大水缸。

2020年COVID-19疫情肆虐，美國聯準會以處理2008年金融海嘯類似的方法祭出了「零利率＋量化寬鬆」的貨幣政策，而且這次的量化寬鬆貨幣政策規模更大，等同於使用了更大的大水管來注水，如此豐沛的資金水量，導致黃金、房地產、美股及台股都大漲且創下史上新高。這就是從

2008 年起,美股與台股走大多頭趨勢的原因。

　　當聯準會將用水龍頭與人水管吸走了水缸裡的水,水缸裡的水承載的房地產、黃金及股市等金融資產,將隨著水位的下降而價格大幅度下跌。

圖 0-1　**美國聯準會利用水龍頭與大水管挹注資金**

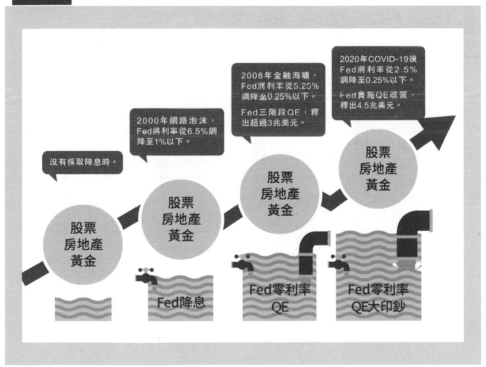

圖片來源:自行整理

2022 年 3 月，美國聯準會調升聯邦基金利率 1 碼，並在 5 月調升聯邦基金利率 2 碼，7 月與 9 月分別調升聯邦基金利率各 3 碼，調升之快為二十二年首見，這告訴投資人水龍頭已經開始轉向，美國聯準會要吸走水缸裡的水了。

圖 0-2　美國聯準會用水龍頭與大水管吸走了缸裡的水

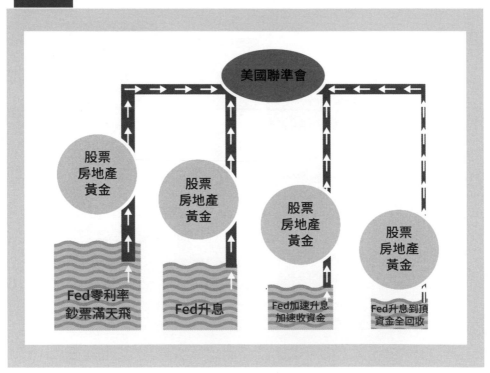

圖片來源：自行整理

　　從 2008 年發生金融海嘯以來，在這十多年當中，美國聯準會共推出過四次量化寬鬆貨幣政策（QE 政策），分別是在 2008、2010、2012 及 2020 年，其中又以 2020 年的無限 QE 規模最大。

　　聯準會總資產從 2008 年約 9 千億美元增加至 2022 年的 9 兆美元，總資產擴大約十倍之多，印鈔規模非常驚人，其中在 2020 年新冠肺炎後啟動無限 QE，印鈔超過 4 兆美元。

　　美國聯準會至 2022 年注入大水缸資金池有 9 兆美元，從 2022 年 6 月開始，以每個月 475 億美元的速度縮表，收回資金池資金，2022 年 9 月起每個月收回 950 億美元，截至 2023 年 9 月為止，美國聯準會收回約 1.2825 兆美元，2022 年大水缸資金池的 9 兆美元，目前還有 7.7175 兆美元留在資金池，也就是說高達 7.7175 兆美元留在市場上。

　　目前歐美持續升息，但中國持續降息，也就是歐美持續在資金池使用水龍頭吸水的同時，中國持續使用水龍頭在放水，所以整體資金池的水位變化不大。

　　重點在於 2023 年 9 月升息完後，到底還有多少資金留在資金池中，目前除了美國聯準會留在資金池的 7.7175 兆美元之外，還有歐洲與日本因推動 QE 留在市場的資金，整個資金池的資金還是相當可觀，這也是帶動歐美、日本、韓國及台灣股市上漲的原因。

　　歐美等地持續升息，日本央行還是推動非常寬鬆的貨幣政策，目前依舊是零利率，不管是地緣政治的風險造就的美日同盟；或是從「利率平價理論」來看，錢將會流向利率相對高的國家的兩個觀點分析，日圓貶值是有道理的，且持續貶值機率還是相當高。

日本經濟成也匯率，敗也匯率

2020 年新冠肺炎後，啟動無限 QE，全球主要股市都創下新高，為什麼日本股市無法創下歷史新高？原因在於日圓無法大幅度貶值，簡單說：日本經濟成也匯率，敗也匯率。近期日股創下三十三年來的新高，日本股市創新高除了美元對日圓大幅度貶值帶動之外，還有下列原因：

1. 日圓持續大幅度貶值

1980 年為全世界第二經濟體的日本，1989 年 12 月 29 日日經指數來到最高點，曾一度升至 38,957.44 點，當天日經指數收盤 38,915.87 點。但不出幾年失落的十年、二十年等詞彙來形容日本。

為什麼日本經濟會衰敗？最主要的原因之一，就是日圓對美元大幅度升值。

1985 年由美國、日本、西德、法國和英國在紐約廣場酒店集會達成的廣場協議，五大工業國逼迫日本政府要升值日圓。

1985 年 9 月，美元兌日圓為 1：250，協議簽訂後不到 3 個月間裡，美元兌日圓迅速升值到 1：200 左右，升幅 20%，由於日圓兌美元狂漲升值，過去日本人總覺得高不可攀的美國資產，變得相對便宜多了。

期間日本企業開始大幅度收購美國企業，在 1989 年日本企業在美國的收購行動達到顛峰，那年索尼以 34 億美元買下美國文化產業代表哥倫比亞電影公司，三菱集團以 14 億美元買下美國知名地標紐約洛克斐勒中心，洛杉磯市區半數房地產都是日本人持有。這也是為何 1989 年 12 月

29 日，日本股市能夠寫下 38,957.44 點的歷史高點。

1990 年是日本泡沫經濟的最顛峰，日本的不動產市值可以買下四個美國，一個東京都可以買下全部的加拿大。直到 1994 年日圓升破 80 元大關，日本經濟泡沫破裂、崩盤，從此一蹶不振，經過二十餘年仍未恢復元氣。

時序來到 2023 年 9 月 5 日美元兌日圓貶破 145 元大關。

為什麼日圓會大幅度貶值，有些人分析，認為是美國聯準會將要大幅度升息所造成，日本央行還在推行量化寬鬆貨幣政策不變。這種看法相當不精準，這二十年來日本的利率都維持在 0% 以下，過去美國與日本的利差，大都比目前 1.5% 左右來得大，美元兌日圓不至於短期大貶值，況且要干預日圓升貶值，絕非日本央行可以獨力左右，必須聯合美國的力量。

所以美元兌日圓大貶值是政治問題，是美國聯合日本對付第二大經濟體的中國，日圓大貶值將讓日本經濟起死回生，這是美國政策，白宮的權力與華爾街的金權（錢）是密不可分，巴菲特為什麼會買進日本五大商社且大賺一筆？簡單說，巴菲特一定知道美國的戰略政策吧！

簡單的說，巴菲特知道美國政府的政策就是要讓美元兌日幣大幅度的貶值，如此一來，不僅可以讓日本產業出口競爭提升，在海外子公司所賺的錢匯回日本，也會因日幣大幅度貶值創造更多匯兌收益。2023 年 3 月底為止的日企上年度財報，因在日幣貶值下，多數企業出口業績大幅增加，獲利大幅增加，有了堅實的基本面，也帶動日股持續上漲。

2. 創造國內金融市場有套利的空間

在歐美等地區因為高通膨及地緣政治風險下，持續升息，日本央行還是走自己的路——堅持非常寬鬆的貨幣政策，也就是依舊是零利率。

日本三菱日聯金融集團、三井住友金融集團和瑞穗金融集團等三大銀行一年定存利率低到 0.002％。如此一來，外資就會利用日本低利率的環境進行套利。就如同巴菲特掌管的波克夏海瑟威已發行第六度發行日圓債、總額 1,644 億日圓，除了將籌得的日圓資金加碼日本五大商社股之外，也同時進行套利。

今年 4 月發售了五種期限的債券，分別為 3 年期、5 年期、7 年期、10 年期和 30 年期，發行票面利率：3 年期債券的發行利率為 0.907％，5 年期為 1.135％，7 年期、10 年期和 30 年期分別為 1.348％、1.592％和 2.325％。以最長 30 年期債券的年利率來看也只有 2.325％，遠低於歐美至少 4％以上的利率。

巴菲特利用在日本發行公司債獲取的資金，在日本股市買進年殖利率 3％以上的股票，因為發行的公司債以日圓計價，巴菲特此操作是無匯率風險的套利。當各國飽受通膨與高利率之苦時，相較日本的低利率，自然吸引全球資金到日本來進行套利，也拉升日股持續創高。

3. 岸田文雄首相實施「資產所得倍增計畫」

所謂資產所得倍增計畫就是將日本家庭的現金存款引導至股市與基金投資，過去日本家庭的金融資產中，超過 50％為現金存款，投資股市與

基金的資金比率不到 20%，在日本銀行利率都接近零利率，當然日本人超過 50%為現金存款幾乎沒有投報率。因此日本政府喊出「從儲蓄到投資」的金融戰略，鼓勵日本家庭將金融資產從存款轉化為股市或基金投資，不但可以獲得較高的投資報酬率，並且以複利方式累積財富，也可以活絡股市，讓日本企業較容易調度資金，有利於產業發展。

此外日本政府修改高中教育課程內容，從去年 4 月開始，全國高中生必修投資理財創造財富金融課程，讓高中生了解複利投資累積財富的重要性。

4. 股價淨值比小於 1 的企業要提出改善計畫

東京證交所今年 3 月底宣布，公司股價淨值比小於 1 的企業要提出改善計畫，此一措施讓許多老牌企業紛紛提出能夠讓自家公司股價上漲的政策，例如實施或者增加股息分配，如此一來，也讓過去不少長年股價低迷的老公司，短短數月創下股價歷史新高。

債券漲幅將大於台股指數與台灣 50ETF

1989 年 12 月 29 日，日本股市寫下 38,957.44 點的歷史高點，台股也在次年 2 月 12 日創下 12,682 點的高點。

當日本股價持續創新高與韓國股市創波段新高，從區域性與產業結構來分析，有利台股指數持續創高。從上述分析觀察，現今全球資金池的資金還相當充裕，有利於全球主要股市持續創新高之外，日股有機會引領台股持續往上漲。

重點來了，到明年 2024 年底——

如台股指數從 17,000 點漲至 18,700 點，漲幅 10%。

如台股指數從 17,000 點漲至 20,400 點，漲幅 20%。

以美債 20 年 ETF 的價格存續期間約十六年以上來計算，只要美國 20 年期公債殖利率下跌 1%，債券價格漲幅將超過 16%，再加上美債 20 年 ETF 每年約有 3% 的配息，報酬率約有 20%。

簡單說，從現在開始至明年底，美國 20 年期公債殖利率下跌超過 1% 的機率很高，如此一來，債券漲幅將大於台股指數與台灣 50ETF。

此外，因為美國聯邦基金利率正處於歷史高點，投資人買進股票，同時也買進美債 20 年 ETF，將可達到相當不錯的避險效果。

MEMO

PART

01

投資債券 ETF 前，
你應該知道的事

Lesson 1 ▶ 認識債券 ETF

| 先別提債券了，你知道什麼是 ETF 嗎？

ETF 英文原文為「Exchange Traded Funds」，ETF 交易所正式的名稱是「指數股票型基金」，指數型 ETF 指的是把特定的股票族群集合起來，編成一個指數，每當這些股票漲或跌時，指數會跟著波動。例如台灣 50ETF（0050）是台灣股市中第一檔掛牌交易的指數型 ETF，以追蹤台灣 50 指數的 ETF 價格為指數的 1%。

台灣 50ETF 的五十檔成分股計算出來的指數如為 13,000 點，其台灣 50ETF 每股淨值的價格為 130 元（13,000÷100），如果台灣 50ETF 每股市價也是剛好 130 元，只要投資人以 130 元買進台灣 50ETF，就可以一次投資台積電、聯電、台塑等五十檔績優股，不用一檔一檔買進。

「不要把雞蛋放在同一個籃子」，而 ETF 就是已經把資金分散在三十家、五十家或一百家公司，可以避開單一公司的個別風險，是妥善分散投資風險的最簡單工具。因此投資股票 ETF，不用花心思研究要投資哪檔股票，只要選擇想投資的商品類別或是市場，用小金額就可以輕鬆達到分散投資的目的。

　　我們以台灣 50ETF（0050）為例，大家就很容易了解債券 ETF 是什麼了。

　　債券 ETF 是追蹤債券指數的 ETF。用小錢買進一張債券 ETF，等於買進一籃子的債券。以目前規模最大的 AGG（iShares Core U.S. Aggregate Bond ETF）為例，用 110 美元左右的價位就可以一次買進超過七千檔的債券標的。買進一張 AGG ETF 等於分散買進七千多檔債券商品。

　　當投資人買進 3 至 7 年間美國債券 ETF，也就是追蹤 3 至 7 年間的美國公債指數。如果這一籃子的債券中，有債券的到期時間小於 3 年，發行機構就會將到期時間小於 3 年的債券賣掉，買進到期時間大於 3 年債券作為替補，因此追蹤這個債券指數的債券 ETF，這一籃子的債券到期日永遠都會在 3 至 7 年間，因為在買新債並賣舊債的過程中，就會受到當時利率變化的影響，導致發生資本利得或損失。

　　債券其實就是投資人借錢給政府或公司的憑證，通常債券的發行方（政府／公司）會跟投資人約定給付利息的方式與到期返還的金額。

債券又是什麼呢？

司馬懿借錢給諸葛亮 100 萬元，諸葛亮給了司馬懿一張借據，借據上除了標明借款金額 100 萬元之外，還有借款利率、到期日及付息期間，例如每月付息一次。

債券如同這一張借據，所以債券就是政府、企業或金融機構向投資人借錢的借據。政府、企業或金融機構給投資人借據，又因借款時間長短分為票券與債券，一年以內通稱為票券，一年以上稱為債券。

- 政府向投資人借錢的借據，在一年以內的借據稱為國庫券，一年以上的借據稱為公債或國債。
- 企業向投資人借錢的借據，在一年以內的借據稱為商業本票，一年以上的借據稱為公司債。
- 金融機構向投資人借錢的借據，在一年以內的借據稱為可轉讓定期存單，一年以上的借據稱為金融債券。

表 1-1　政府、企業及金融機構向社會大眾借錢的借據名稱

債務人	票券市場（一年以內）	債券市場（一年以上）
政府	國庫券	公債（國債）
企業	商業本票	公司債
金融機構	可轉讓定期存單	金融債

　　當這些單位或機構要籌湊資金時，可以發行票券或債券向社會大眾借錢，投資人付了錢之後，這些單位或機構會給投資人一張借據，這張借據就是所謂的票券或債券（借據）。

　　借據上通常會標明借款金額、借款利率、到期日及付息期間，而債券也要明確記載以下事項：

1. 票面金額

　　代表到期時，政府、企業及金融機構人要償還多少錢給投資人。

　　例如：債券面額為 100 萬元，到期時就需要支付 100 萬元給債券購買者（投資人）。

2. 票面利率

　　每期支付一定比例的利息，利率通常是年化利率。

　　例如：票面金額 100 萬元，票面利率為 5%，投資人每年可以拿到 5 萬元的利息。

3. 付息期間

　　也就是債券多久給付一次利息。

　　債券發行時會依照約定期間決定支付利息的方式，可分為每月、每季、每半年或每年支付固定利息或浮動利率利息。

4. 到期期間

到期期間有多長，影響投資人有幾次利息可領，以及到期後要領回的本金。

當基準利率變動時，到期日愈短，就愈不受影響；到期日愈長，影響就愈大。愈短期的債券違約風險低，所以利率比較低；反之長期債券的風險高，利率較高。

債券利息分為兩種利率計算方式：

① 固定利率

債券票面利率固定，因此投資人每次收到債券利息都是固定的。

② 浮動利率

債券票面利率浮動，因此投資人收到的利息不是固定的，一般都是跟著市場利率變化。

 債 ｜ 券 ｜ 隨 ｜ 堂 ｜ 考

固定利率

台積電發行公司債，票面金額 100 萬元，票面利率為 5%，二十年到期，每年付息一次。

投資人持有台積電所發行的公司債，只要台積電期間沒倒閉，二十年期間投資人每年都會收到 5 萬元利息，期滿二十年後投資人還能拿回100 萬元。

| 債券的風險

　　債券價格通常依照發行機構的信用狀況與當時市場的利率而定。如果發行機構的信用狀況，或者市場利率發生變化，債券價格就會產生變化，也就是債券的風險。

　　債券最主要的風險如下：

1. 利率風險

　　債券因市場利率往上，導致價格下跌的風險。

　　如果銀行定存利率（市場利率）5%，高於債券票面利率4%，這時投資人寧願存銀行定存，而不購買債券，債券價格就會下跌；反之如果存銀行定存利率（市場利率）4%，低於債券票面利率5%，這時投資人會去投資債券，債券價格就會上漲。

2. 信用風險

　　如果發行機構信用變差，被調降信用等級，因違約的風險提高，這時投資人將會拋售手上的債券，該機構債券價格就會下跌，或是到期發債機構無法償還本金，產生違約風險。

　　最有名的就是 2008 年美國投資公司雷曼兄弟倒閉，導致金融海嘯的發生。

債 | 券 | 隨 | 堂 | 考

利率風險

　　若債券的票面金額 100 元，票面利率 5%，假設一年收一次利息，每年投資人將收到 5 元利息，因此乍看之下票面利率是 5%。

　　假設當時市場利率也是 5%，該債券的市場價格為 100 元。

　　當市場利率為 6%高於票面利率 5%時，這時投資人寧願存銀行定存，而不購買債券，債券價格就會下跌，這就是利率風險。可知債券價格與市場利率呈現反向關係。

債券的分類

可以根據發行者、地區、風險等級分類分類如下：

依發行者分類	定義	風險高低
公債	國家發行的債券，例如美國政府所發行的債券，又稱國債、政府債。	風險低
公司債	公司企業所發行的債券。	風險高
金融債	金融機構發行的債券。	風險高

依地區分類	定義	風險高低
美國債券	美國公司或美國政府債券，通常是風險相對低的債券。	低
已開發市場債券	英國、法國、德國及日本等已開發國家發行的債券。	低
新興市場債券	新興市場債的高報酬來自投資人承擔較高信用風險。因為新興市場的違約風險較高，但投資人相對可以要求較高的報酬。如：中國、印度、巴西、韓國及台灣等國家。	中高

依風險等級分類	定義	風險高低
投資等級債券	信用評等 BBB 或 Baa 以上（含），大部分已開發國家的公債或是上市櫃的大型公司發行的公司債。	低
垃圾債券	也稱為高收益債券，信用評等低於 BBB 的公司債。	高

▍為什麼需要信用評等機構

市場存在資訊不對稱才會出現信用評等公司。

所謂資訊不對稱就是當交易雙方擁有的資訊不同，某一方擁有的資訊比對手更具優勢。在股票市場中，為什麼投資人往往是十賭九輸？主要原因之一，在於資訊不對稱。

例如：上市櫃公司的營收必須在次月的 10 號前公告，也就是投資人要知道某公司 9 月的營收，最快在 10 月 1 日才可得知，但是公司董監事等內部人士，很有可能在 7 月或 8 月就知道了，他們可以提早依據消息異動買賣。若是季報與年報，內部人員掌握更是精準。

「資訊不對稱」除了存在股市之外，還存在「二手車市場」與「債券市場」。

以二手車市場為例，賣車方擁有的資訊量將大於買車方，也就是說，賣車方比買車方更了解二手車的品質好壞。因為資訊相對不對稱，買車方可能不願意付出高價買二手車，以免承受後續維修費用高昂的風險。

但若買車方不願意支付高價，就賣車方而言，也必定不會將好車出售，最終在二手車市場交易的車輛，都是品質較差的二手車，由於買了品質差的二手車，車子時常要維修，因為要花錢，車主心裡就會酸酸的，所以稱為「檸檬車」（Lemon car）。如此一來，更沒有人想在二手車市場買車，二手車市場因資訊不對稱，導致成交量小，難以存在。

同樣的，以債券市場為例，假設市場上只有兩種公司：

- 好公司：發行公司債，票面利率為 2%。
- 爛公司：發行公司債，票面利率為 6%。

由於資訊不對稱，債券投資人沒有足夠的資訊辨別公司好壞，也就是

說，投資人不知道以 6% 發債的公司，是公司獲利非常好，還是因為經營風險較高，才以較高的利率發行。

假設債券投資人要求利率至少要在 4% 以上才會投資，也就是不論好公司與爛公司，將發行公司債利率取在中間值 4%，也就是（2% ＋ 6%）÷2 ＝ 4%。

若**好公司以低於 4% 利率發行債券，就沒有投資人會買，在債券市場上籌不到資金**。市場上就只剩下爛公司發行的債券，造成債券市場成交量萎縮，債券市場無法運作。

要解決資訊不對稱的問題，就需要信用評等機構的存在，債券投資人可以依個人風險承受程度與報酬率的評估，投資不同評等等級的公司債，也造就債券市場蓬勃發展。

債券評等是由專業的信用評等機構所評分，目前國際上著名的評級機構有：穆迪（Moody's）、標準普爾（S & P）及惠譽國際（Fitch Ratings）等，主要是在資本市場上，對國家、銀行、證券公司、基金、債券及上市公司進行信用評等。

債券信用評級的分類方式

債券評等可以評估債券違約風險高低的程度，也就是債券信用評等提供債券投資人清楚了解買賣債券報酬率與風險的相對性，做最適當的配置與選擇投資的債券商品，簡單說就是高風險高報酬，低風險低報酬。例如違約風險高的高收益債券（垃圾債券），就屬於高風險、高報酬的債券商品，能承擔較高風險的投資人才適合選擇這類債券商品。

簡單說，投資債券最大的風險就是「違約風險」，也就是時間到期後拿不回本金，或者是合約存續期間沒有拿到利息。有「債券評等」，投資人就可以用來評判這個債券風險程度的等級。

1. 標準普爾（Standard & Poor's）信用評級次序排列

S&P 評級由高至低為 AAA、AA、A、BBB、BB、B、CCC、CC、C 等。

評級在 BBB（含）以上為投資等級，BB（含）以下（BB、B、CCC、CC、C）等為投機等級債券，例如高收益債券即所謂的垃圾債券，CCC（含）以下屬於風險極高的等級。

2. 穆迪信評公司（Moody's）信用評級次序排列

Moody's 評級由高至低為 Aaa、Aa、A、Baa、Ba、B、Caa、Ca、C 等。

評級在 Baa（含）以上為投資等級，Ba（含）以下（Ba、B、Caa、Ca、C）等為投機等級債券，例如高收益債券即所謂的垃圾債券，Caa（含）以下屬於風險極高的等級。

3. 惠譽國際信用評等公司（Fitch）信用評級次序排列

Fitch 評級由高至低為 AAA、AA、A、BBB、BB、B、CCC、CC、C 等。

評級在 BBB（含）以上為投資等級，BB（含）以下（BB、B、CCC、CC、C 等）為投機等級債券，例如高收益債券即所謂的垃圾債券，CCC（含）以下屬於風險極高的等級。

| 表 1-2 | 三大信用評等機構債券評級次序排列表 |

標準普爾	穆迪信評公司	惠譽國際信評公司	評等品質
AAA	Aaa	AAA	最高信用
AA（含 AA ＋／ AA ／ AA －）	Aa（含 Aa1 ／ Aa2 ／ Aa3）	AA（含 AA ＋／ AA ／ AA －）	極高信用
A（含 A ＋／ A ／ A －）	A（含 A1 ／ A2 ／ A3）	A（含 A ＋／ A ／ A －）	高的信用
BBB（含 BBB ＋／ BBB ／ BBB －）	Baa（含 Baa1 ／ Baa2 ／ Baa3）	BBB（含 BBB ＋／ BBB ／ BBB －）	良好的信用
BB（含 BB ＋／ BB ／ BB －）	Ba（含 Ba1 ／ Ba2 ／ Ba3）	BB（含 BB ＋／ BB ／ BB －）	投機級
B（含 B ＋／ B ／ B －）	B（含 B1 ／ B2 ／ B3）	B（含 B ＋／ B ／ B －）	高度投機
CCC（含 CCC ＋／ CCC ／ CCC －）	Caa（Caa1 ／ Caa2 ／ Caa3）	CCC（含 CCC ＋／ CCC ／ CCC －）	信用風險高
CC	Ca	CC	信用風險很高
C	C	C	信用風險極高

資料來源：各信評機構網站整理

債券型 ETF 的分類

1. 以發行單位區分

可分為政府公債 ETF 和公司債 ETF。中信美國公債 20 年 ETF（00795B）就是政府公債 ETF。

2. 以市場區分

已開發市場債 ETF 與新興市場債 ETF。

例如國泰 5 年新興債 ETF（00726B）。

3. 以風險區分

可分為投資等級債 ETF 和非投資等級債（高收益債）ETF。

例如中信投資級公司債 ETF（00862B）與國泰優選 1-5 年美元非投資等級債券基金（00727B），簡稱「國泰 1-5 Y 非投等」。

4. 以債券到期期間區分

可分為短期、中期與長期。

- 短期債券 ETF，如：群益 0-1 年美債 ETF（00859B）為短期 ETF。
- 中期債券 ETF，如：元大美債 1-3ETF（00719B）。
- 長期債券 ETF，如：群益 25 年美債 ETF（00764B）與中信美國公債 20 年 ETF（00795B）。

債券 ETF 與債券差異在於債券有到期日，但是債券 ETF 沒有到期日，債券 ETF 與股票型 ETF 一樣，標的為各自追蹤的債券指數與股票指數。目前美國所發行的公債在信用評等上獲得 AAA 的評價，是全世界最安全的債券，如果投資人想要股債配置來分散風險的話，美國公債 ETF 應該是不錯的選擇。

又以美國 iShares 所發行的美國公債 ETF 其中的 SHY、IEI、IEF、TLT 最為著名，這四檔債券評等都是最高的 AAA，且是同類型債券 ETF 中規模最大的，依照債券的發行期間分為短、中、長期債券型 ETF。

表 1-3　美國公債 ETF 可分為短、中、長期

美國公債 ETF	年期	債券 ETF 類型
SHY	1 至 3 年	短期
IEI	3 至 7 年	短中期
IEF	7 至 10 年	中期
TLT	20 年以上	長期

投資債券 ETF 的風險

　　投資債券 ETF 與債券一樣都有可能面臨違約風險和利率風險，但債券 ETF 與債券都可透過債券評等挑選投資等級的債券而避開。投資買進一籃子的債券 ETF 的違約風險，會比買進單一債券風險更低。

　　避開利率風險要有正確觀念：愈長天期的債券，對市場利率變化的反應愈大，也就是當市場利率往上，長天期的債券跌幅會大於短天期的債券；相反的，當市場利率往下，短天期的債券漲幅會大於長天期的債券，因此在投資長天期債券或是債券 ETF 的過程中，債券價格與債券 ETF 價格容易受到利率變動，產生較劇烈的上下波動。

為什麼我不投資美國發行的債券 ETF

　　投資人直接投資美股發行的債券 ETF，會直接扣取 30% 的美股股息稅，不同類型的債券 ETF 和不同檔標的，所退回的百分比可能都會不一樣，有部分退回，也有全數退回的，相對複雜。而投資台灣券商發行的美國債券 ETF，配息不會被扣除 30%，因為屬於海外所得，加上境內所得會有 670 萬元的免稅額。

| | 表 1-4 | 債券 ETF 投資成本優勢 |

	債券 ETF	美國掛牌之債券 ETF	直接買債券
購買方式	開立證券帳戶，於證券市場交易	開複委託帳戶	開複委託帳戶
交易便利性	高（台幣交易）	高（美元交易）	低（美元交易）
所需資金	低	低	高
管理方式	追蹤債券指數表現，信用風險分散	追蹤債券指數表現，信用風險分散	投資人需自行研究發行人風險，並做好分散風險
交易成本	1. 申贖手續費低（證券下單手續費 0.1425%） 2. 經保費低 **（約 0.2% 至 0.6%）	1. 配息課預扣稅（30% 預扣稅） 2. 申贖手續費（0.25% 至 1% ＋設有低消） 3. 賣出交易稅（0.00229%）	1. 申贖手續費（0.25% 至 1% ＋設有低消） 2. 債券價格不透明

資料來源：各券商網站、中國信託投信整理，2023 年 7 月

圖 1-1　債券 ETF 成本

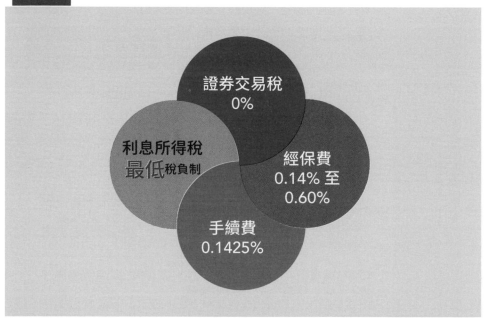

資料來源：各券商網站、中國信託投信整理，2023 年 7 月

表 1-5　債券 ETF 的課稅

課稅類別	稅負內容				
	個人			法人	
	收益分配	資本利得	二代健保	收益分配	資本利得
台灣掛牌債券 ETF	納入最低稅負制（基本所得額未達 670 萬元者無須繳納）	停徵	無	營所稅 20%	納入最低稅負制

資料來源：國稅局、健保局、中國信託投信整理，2023 年 7 月

債券 ETF 市場的基本知識

如何正確判斷收益

一般人投資債券在不違約的情況下，可以定期收到配發的利息，到期後還可以拿回票面金額。如果票面金額為 100 元，投資人就可以提前計算當期的報酬率與殖利率。

美國為全球最大的經濟體，美國公債是美國政府發行的債券，一般認為美國政府不會違約，所以美國發行債券的票面利率稱為「無風險利率」。

美國公債殖利率（U.S. Treasury Yield 或 U.S. Bond Yield）是投資美國政府公債，可以從中賺取報酬的總金額。報酬的總金額包含每期的「利息收入」及「資本利得」或「資本損失」。「資本利得」與「資本損失」俗稱為「價差」。「資本利得」意指以低買高賣的方式，賺取差價來取得利益；若賣出價格低於買進價格的部分，則稱之為「資本損失」。

假設投資人以 95 萬美元買入美國 10 年期公債，可能發生幾種情況：

情況一

投資人在持有期間以 98 萬美元的價錢賣出，投資人因為差價而賺取 3 萬美元，這 3 萬美元稱為**「資本利得」**。

若投資人於持有期間以 93 萬美元的價錢賣出。過程當中投資人因為差價而虧損 2 萬美元，這 2 萬美元的獲利稱為**「資本損失」**。

情況二

投資人持有到到期，屆時美國政府需還給投資人公債的票面金額 100 萬美元，投資人因為差價而賺取 5 萬美元，這 5 萬美元稱為**「資本利得」**。

情況三

如果投資人是以 102 萬美元買入美國 10 年期公債，投資人同樣持有到到期，美國政府還給投資人公債的票面金額 100 萬美元，投資人因為差價而虧損 2 萬美元，而這 2 萬美元被稱為**「資本損失」**。

在計算美國公債殖利率時，需考慮到債券買入價格、未來每年（每半年、每季）能領的利息，及持有到期後拿回本金，所推算出的年化報酬率，又稱到期殖利率，因此投資債券所談到「殖利率」，一般指的都是「到期殖利率」（Yield to Maturity，簡稱 YTM），也代表著該債券的「市場利率」。

美國公債有分 2 年、3 年、5 年、10 年、30 年等不同年期，債券的年期愈長，代表投資人相對的風險愈高，所以公債年期愈長，殖利率也較

高。美國公債殖利率的短天期及長天期也分別代表不同意義：

- **短天期公債：市場普遍以觀察 2 年期美國公債為主（主要反映美國的利率決策）。**
- **長天期公債：市場普遍以觀察 10 年期美國公債為主（主要反映美國的景氣及通膨）。**

所以美國 10 年期公債殖利率被市場視為重要的經濟指標，反應市場情緒的變化。

表 2-1　美國公債殖利率一覽表

公債期	1 月	2 月	3 月	6 月	1 年	2 年	3 年	5 年	7 年	10 年	20 年	30 年
2023/07/10	5.34	5.47	5.48	5.54	5.38	4.85	4.54	4.25	4.14	4.01	4.24	4.05
2023/07/07	5.32	5.47	5.46	5.53	5.41	4.94	4.64	4.35	4.23	4.06	4.27	4.05
2023/07/06	5.32	5.47	5.46	5.54	5.44	4.99	4.68	4.37	4.22	4.05	4.23	4.01
2023/07/05	5.28	5.38	5.44	5.52	5.40	4.94	4.59	4.25	4.11	3.95	4.17	3.95
2023/07/03	5.27	5.40	5.44	5.53	5.43	4.94	4.56	4.19	4.03	3.86	4.08	3.87

債券小學堂❶
票面利率（Coupon Rate）

計算美國公債殖利率時，需考慮到未來每年（每半年、每季）能領的利息，而利息就是以債券上的票面利率計算出來的。

票面利率是債券發行者跟投資人約定支付利息的利率。從票面利率可以計算出未來每年（每半年、每季）投資人可領的利息。債券面額和票面利率是不會變的，但票面利率不能代表投資人實際的債券報酬率。原因在於投資人實際買進債券時的價格，不一定等於債券票面金額，所以到期時往往可能存在價差，這就是所謂的資本利得與損失。

票面利率公式

票面利率＝每年利息 ÷ 債券面額

假如一張債券的面額為 1,000 元，票面利率 4%，每年投資人會領到的利息就是 40 元。債券與定存都能固定領利息，到期可領回票面面額（本金），債券與定存都被稱為固定收益型商品（Fixed income）。

重點來了，投資人計算實際投資報酬率，記得要看的是「到期殖利率（YTM）」，而不是每期領到利息的所算出來的票面利率。

時常遇到有學生或是好友問我，投資債券的利率高達 6% 是否可以投資？但這 6% 往往是票面利率，而不是到期殖利率，這也是銀行理專在行銷債券商品的話術之一。票面利率 6%，到期殖利率往往低於 6%，可能是 5% 或是更低。但是如果投資人是在未到期前就要賣出，要看的是「贖回殖利率（Yield to Call, 簡稱 YTC）」。

表 2-2　　**債券的重要名詞解釋**

債券	債券發行者向投資人借錢的借據
票面金額	債券發行者向投資人借錢的金額。 當債券到期時，投資人可以根據票面金額拿回的錢。
票面利率	債券發行者跟投資人約定支付利息的利率。 也是債券發行時直接印在債券上面的利率。
到期殖利率（YTM）	根據買進的價格算出到期後實際的投資報酬率。
當期收益率（Current Yield）	根據債券考慮買入的價格，計算出當下的收益率。
贖回殖利率（YTC）	債券未到期前就想出售，計算持有期間的報酬率。
債券到期日（Maturity Date）	這張借據的到期日。 債券發行者與投資人所約定要償還本金的日期。
發行價（The issue price）	投資人最初向發行者買入這張借據的價格。
債券價格	投資人在市場上買進這張借據的價格。
票息日期	投資人領利息的日期（一年或是一季領一次利息）。
存續期間（Duration）	簡單解釋為平均要等多久才能拿回本金和利息。用來衡量債券價格對市場利率的敏感度。

債券小學堂❷
如何計算當期收益率

當期收益率（Current Yield）

當期收益率是投資人買入債券，每年領到的利息除以買入債券價格所計算出的收益率。並沒有考慮債券投資所獲得的資本利得或是損失，也就是沒有計算價差，只在衡量債券某一期間（一年、一季或是一個月）所獲得的報酬率。

當期收益率＝（每年的配息 ÷ 買入價格）×100%

練習 1

司馬懿買入一張面額為 100 元的債券，票面利率是 6%，投資人以 95 元價格（市價）買入債券，債券持有人每年會收到的利息為 6 元（100 元 ×6%）。

- 當期收益率（一年）＝ 6÷95 ＝ 6.32%（一年的當期收益率）
- 當期收益率（半年）＝ 3÷95 ＝ 3.15%（半年的當期收益率）

投資人若要提高當期收益率，不外乎是增加配息的次數，例如從一年配息一次改為一季或是一個月息率，發揮複利效果，或降低買進債券的價格。

練習 2

　　司馬懿於 2023 年 3 月 10 日，以 32 元買進中信美國 20 年期以上債券 ETF（00795B）。2023 年 5 月 17 日參與除息 0.25 元，第二季的當期收益率 0.78%。

　　當期收益率（一季）＝ 0.25 元 ×1,000（股）÷（32 元 ×1,000 股）＝ 0.78%（第二季的當期收益率）

　　如果司馬懿 2022 年 6 月 29 日，以 34 元買進中信美國 20 年期以上債券 ETF（00795B），並參與近四季 2022 年 8 月 22 日、2022 年 11 月 22 日、2023 年 2 月 22 日及 2023 年 5 月 23 日的除息 1.173 元（0.289 元＋ 0.338 元＋ 0.296 元＋ 0.250 元），在不考慮複利效果之下，近四季的當期收益率為 3.45%。

　　當期收益率＝ 1.173 元 ×1,000（股）÷（34 元 ×1,000 股）＝ 3.45%（近四季的當期收益率）

表 2-3	中信美國 20 年期以上債券 ETF（00795B）			
配息基準日	除息日	發放日	幣別	配息總額
2023/05/23	2023/05/17	2023/06/12	台幣	0.250
2023/02/22	2023/02/16	2023/03/20	台幣	0.296
2022/11/22	2022/11/16	2022/12/20	台幣	0.338
2022/08/22	2022/08/16	2022/09/20	台幣	0.289

債券小學堂❸
如何計算到期殖利率

到期殖利率（YTM）又稱為到期收益率。

到期殖利率公式

（每年的配息＋資本利得或損失）÷買入價格×100%

資本利得或損失＝債券票面金額－債券買入價格

練習題

假如司馬懿買入一張面額 100 元的債券，票面利率是 6%。他以 98 元價格（市價）買入，每年會收到的利息為 6 元（100 元×6%），持有一年到期，可拿回本金 100 元，到期殖利率為 8.16%。

到期殖利率＝（6＋100－98）÷98×100%＝8.16%。

其中 6 元為每年的配息，2 元（100－98）為資本利得。

債券的價格與市場利率成反向變動關係

債券價格和市場利率的關聯有個重要觀念：「債券的市場價格與利率成反向關係」。也就是說，當市場利率下跌，債券價格上漲；相反地，當市場利率上升，債券價格便會下跌。

例如，司馬懿買入一張面額為 100 元的債券，票面利率是 4%，投資人以 98 元價格（市價）買入債券，債券持有人每年會收到的利息為 4 元（100 元×4%），持有一年到期，可拿回本金 100 元。

債 ┃ 券 ┃ 隨 ┃ 堂 ┃ 考

狀況一

司馬懿以 98 元價格買入債券：

殖利率＝（4 ＋ 100 － 98）÷98×100%＝ 6.12%

狀況二

司馬懿以 100 元價格買入債券：

殖利率＝（4 ＋ 100 － 100）÷100×100%＝ 4%

狀況三

司馬懿以 101 元價格買入債券：

殖利率＝（4 ＋ 100 － 101）÷101×100%＝ 2.97%

由上述可得知，司馬懿買入債券價格愈低，殖利率愈高。

買入債券價格	殖利率
98 元	6.12%
100 元	4.00%
101 元	2.97%

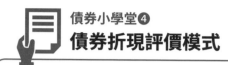

債券小學堂❹
債券折現評價模式

利用債券折現評價模式計算債券，是計算債券價格最正確的方法，可以了解債券價格與市場利率呈現反向關係。

練習題

司馬懿買入票面金額 100 元，3 年期的公債，票面利率為 5%，每年配息 5 元，到期司馬懿可領回 100 元。

市場利率（殖利率）＝ 1%，債券目前價格為 111.76 元

$$\frac{5}{(1+1\%)} + \frac{5}{(1+1\%)^2} + \frac{5}{(1+1\%)^3} + \frac{100}{(1+1\%)^3} = 111.76 \text{ 元}$$

市場利率（殖利率）＝ 5%，債券目前價格為 100 元

$$\frac{5}{(1+5\%)} + \frac{5}{(1+5\%)^2} + \frac{5}{(1+5\%)^3} + \frac{100}{(1+5\%)^3} = 100 \text{ 元}$$

上述的債券折現評價模式計算看不懂沒關係，這邊只是要讓投資人了解：

- 當市場利率從 1% 升息至 5% 時，債券價格從 111.76 元下跌至 100 元。

- 當市場利率從 5% 降息至 1% 時，債券價格從 100 元上漲至 111.76 元。

這樣的表達方式，應該可以讓投資人更容易了解，債券價格與市場利率呈現反向關係。了解債券折現評價模式的計算邏輯，就可解釋，為何市場利率提高，所有資產的價格都要往下調降，因為股票合理價格與房屋目前市價，也都是利用債券折現評價模式計算出來的。只是在計算股票合理價格時，債券的每年利息改為股票每年現金股利，而在計算房子目前市價時，債券的每年利息改為房子每年租金。

 債 ┃ 券 ┃ 隨 ┃ 堂 ┃ 考

若台積電預估每年可配息 12 元，三年後預計可以 550 元賣出，當市場利率 1%，台積電目前合理的股價為 569 元。

$$\frac{12}{(1+1\%)} + \frac{12}{(1+1\%)^2} + \frac{12}{(1+1\%)^3} + \frac{550}{(1+1\%)^3} = 569 \text{ 元}$$

當市場利率 5%，台積電目前合理的股價要往下調降至 507 元。

$$\frac{12}{(1+5\%)} + \frac{12}{(1+5\%)^2} + \frac{12}{(1+5\%)^3} + \frac{550}{(1+5\%)^3} = 507 \text{ 元}$$

也就是台積電預估每年同樣可配息 12 元，但當市場利率從 1% 升至 5% 時，就不可用過去市場利率 1% 時的本益比的高低，來預估台積電合理股價是多少。

為什麼債券價格與市場利率呈現反向的關係呢？

如果市場利率持續往下降，已發行且債息相對較高的債券就會吸引投資人買進，因此該債券的價格就會持續往上漲。

如果該債券是平價發行，該債券價格將會高於債券的票面金額，這時投資人將要以高於票面金額的價格，買入債券，而當這檔債券到期時，投資人僅會收到票面償還金額，投資人就會產生資本損失，如此一來到期殖利率將往下降，使得實質投資報酬率較先前下降。

 債 ∣ 券 ∣ 隨 ∣ 堂 ∣ 考

2008 年，投資人買進 1,000 美元的 10 年期公債，票面利率 4%，每年固定可以領取 40 美元的利息。

2010 年之後，市場利率降低到 1%，這時投資人手中配息 4% 的債券將吸引其他投資人，願意用比 1,000 美元更高的價格，購買投資人手上的債券，債券價格會上漲，也就是市場利率從 4% 降至 1% 時，債券價格反而會往上漲，呈現反向變動關係。由此也可以推論投資人將會買舊債，較不喜歡買新債。

如果市場利率持續往上升，已發行且債息相對較低的債券，將會被投資人拋售，因此該債券的價格就會持續往下跌。

如果該債券是以平價發行（以 100 元發行），將使得該債券價格跌破票面金額，這時投資人將要以更低於票面金額的價格買入債券，當這檔

債券到期時，投資人的資本利得將更多，如此一來到期殖利率將往上升，使得其實質投資報酬率較先前提高。

2021 年，投資人買進 1,000 美元 10 年期公債，票面利率 1%，每年只能領取 10 美元的利息。

但是 2022 年之後，市場利率往上升到 4%，這時投資人手中配息 1%的債券將被其他投資人拋售，債券價格將會下跌，也就是市場利率從 1%升至 4%時，債券價格反而會往下跌，呈現反向變動關係。由此也可以推論，投資人將賣舊債，買新債。

要記得這邊是指市場利率而非債券殖利率喔！

債券小學堂❺
如何計算贖回殖利率

贖回殖利率（YTC）是在債券尚未到期前就要賣出，是考量買入價格、已領取的利息、賣出價格，推算出的年化報酬率。

賣出價格減掉買入價格的價差，也就是資本利得或損失。債券持有到到期日，到期殖利率是固定的，但在持有過程中，債券交易價格是變動的，這代表投資人持有期間的任何時間點提早賣出，資本利得或損失也是隨時變動的，當然報酬率也是隨時變動的。

贖回殖利率＝每年的配息＋資本利得（或損失）÷ 買入價格 ×100%

這邊的資本利得或損失＝債券賣出價格－債券買入價格

練習題

假如司馬懿買入一張面額 100 元，5 年期的公債，票面利率是 6%。

以 95 元價格（市價）買入債券，每年會收到的利息為 6 元（100 元 ×6%），持有一年就以 97 元賣出該公債，贖回殖利率為 8.42%。

贖回殖利率＝（6 ＋ 97 － 95）÷95×100% ＝ 8.42%。

其中 6 元為每年的配息，2 元（97 － 95）為資本利得。

練習題

　　如果司馬懿 2022 年 6 月 29 日，以 34 元買進中信美國 20 年期以上債券 ETF（00795B），並參與近四季 2022 年 8 月 22 日、2022 年 11 月 22 日、2023 年 2 月 22 日及 2023 年 5 月 23 日的除息 1.173 元（0.289 元＋ 0.338 元＋ 0.296 元＋ 0.250 元），司馬懿於 2023 年 6 月 26 日以 33.5 元賣出，在不考慮複利效果之下，贖回殖利率為 1.97%。

　　贖回殖利率＝［（1.173 元＋ 33.5 元－ 34 元）×1,000 股］÷（34 元 × 1,000 股）＝ 1.97%

　　其 1.173 元為近四季的配息，-0.5 元（33.5 － 34）為資本損失。

　　計算到期殖利率與贖回殖利率同樣都要計算資本利得或損失，不同的是：

- 到期殖利率的資本利得或損失＝債券票面金額－債券買入價格
- 贖回殖利率的資本利得或損失＝債券賣出價格－債券買入價格

債券小學堂❻
債券價格的特性

　　債券價格會隨著到期日的接近，逐漸往票面價格靠攏，也就是說，不管目前債券市價為 110 元或是 90 元，當接近到期日時，都會往票面價格 100 元靠近。為什麼投資人願意以 110 元投資到期拿回 100 元的債券，是因為這檔債券的票面利率高於市場利率（定存利率），在此可以將定存利率視為市場利率。

- 當債券的票面利率為 5%，高於銀行定期存款利率 4%，而投資人願意以 100 元以上的價格買入債券，此時稱為「溢價發行」。

- 當債券的票面利率為 5%，低於銀行定期存款利率 6%，而投資人只願意以 100 元以下的價格買入債券，此時稱為「折價發行」。

- 當債券的票面利率為 5%，等於銀行定期存款利率 5%，而投資人願意以 100 元的價格買入債券，此時稱為「平價發行」。

　　債券價格從 90 元到 100 元行進過程，隱含著市場對於這檔債券會不會發生違約的預期。當債券價格會往 100 元方向行進時，代表市場認為這檔債券違約的機率相對低。如果愈接近到期日，債券價格卻沒有愈往 100 元靠近時，這代表市場認為這檔債券違約的機率相對高。

債 ∣ 券 ∣ 隨 ∣ 堂 ∣ 考

【重要觀念】債券到期時價格都為 100 元（面額）。

1. 平價發行

發行價格 100 元，到期時為 100 元（面額）

票面利率 5％＝市場利率 5％（存定存利率 5％）

2. 溢價發行（發行價格高於 100 元）

發行價格 102 元，到期時為 100 元（面額）

票面利率 5％大於市場利率 3％（存定存利率 3％）

3. 折價發行（發行價格低於 100 元）

發行價格 98 元，到期時為 100 元（面額）

票面利率 3％低於市場利率 5％（存定存利率 5％）

債券報價

債券報價是指債券交易價格，以面額的百分比報價。

一般來說，債券面值設定為 100。

- 債券報價高於 100，代表債券的交易價格高於面值。
- 債券報價低於 100，代表債券的交易價格低於面值。

公債面額是 1,000 美元，報價時是以 100 來呈現。

如果公債的報價是 99，代表以面值的 99％交易，在公債面額是 1,000 美元的情況下，購買每張債券的價格是 990 美元，即為面額 1,000 美元 ×99％。

- 如果公債的報價是 100，代表以面值的 100％交易。在公債面額是 1,000 美元的情況下，購買每張債券的價格是 1,000 美元，即為面額 1,000 美元 ×100％。
- 如果公債的報價是 101，代表以面值的 101％交易。在公債面額是 1,000 美元的情況下，購買每張債券的價格是 1,010 美元，即為面額 1,000 美元 ×101％。

綜合上述，了解債券價格最簡單的方法，即是在市場報價的後面再加一個零。例如：

- 若公債的市場上報價為 99，則每 1,000 美元面額的價格為 990 美元，該檔公債即為「折價交易」。
- 若公債的市場上報價為 101，則每 1,000 美元面額的價格為 1,010 美元，該檔公債即為「溢價交易」。
- 若公債的市場上報價為 100，則每 1,000 美元面額的價格為 1,000 美元，該檔公債即為「面額交易」。

表 2-4	債券的報價計算

債券面額	報價	債券市價	債券交易方式
1,000 美元	99	990 美元	折價交易
1,000 美元	100	1,000 美元	面額交易
1,000 美元	101	1,010 美元	溢價交易
5,000 美元	98	4,900 美元	折價交易
5,000 美元	100	5,000 美元	面額交易
5,000 美元	102	5,100 美元	溢價交易

衡量債券風險與報酬指標──存續期間

要懂債券的兩個觀念之後，投資人才能安心操作債券，更進一步預估投資債券的風險與報酬率。

第一個觀念，債券價格與市場利率成反向關係，也就是利率跌，債券價格漲；利率漲，債券價格跌。更精確說：

- **殖利率愈低→債券價格愈高。**
- **殖利率愈高→債券價格愈低。**

練習題

如果司馬懿買入面額 100 萬元、票面利率為 3%、1 年後到期的債券。

在 1 年後到期時，司馬懿可以領到的本利和為 103 萬元（3 萬元的利息＋ 100 萬元的本金）。

當市場利率調為 5%，市場新發行的債券票面利率也來到 5%，在 1 年後到期時，可領到的本利和為 105 萬元（5 萬元的利息＋ 100 萬元的本金）。

因此，司馬懿手中持有面額 100 萬元、票面利率為 3%、1 年後到期的債券，會變得沒有人要買，由於債券到期領到的金額，是固定的債券的面額 100 萬元，司馬懿持有的債券價格需要降價為 95.23 萬元〔到期可領到的 100 萬元 ÷（1 ＋ 5%）＝ 95.23 萬元〕，也就是說司馬懿必須以 95.23 萬元出售手中的債券，才符合目前市場利率 5% 的行情，吸引投資人承接你的債券。

第二個觀念：**要懂得如何掌握利率變動期間的債券價格波動幅度，也就是要預估債券價格對於利率走勢的敏感程度。**

計算債券價格對於利率走勢的敏感程度的計算方式就是所謂的存續期間。

所謂存續期間用來衡量債券價格對利率變動的敏感度，簡單說就是評估持有債券的利率風險有多大。存續期間愈長，對利率變動愈敏感，所以存續期間是用來衡量債券利率變動的指標。

存續期間的定義是「當市場利率每變動 1%，債券價格預期會變動多少%」。

例如，假設市場利率下降了 1%，將導致市場上所有債券殖利率以同樣幅度下滑下降 1%。在這種情況下，如果存續期 2 年的債券，將因債券的殖利率下降 1%，價格將上漲 2%；如果存續期 5 年的債券，將因債券的殖利率下降 1%，價格將上漲 5%。

由於存續期間計算公式相當複雜，再加上投資商品大都會有標註，投資人了解意義就好，不用自己計算。

債券小學堂❽

什麼是到期年限、存續期間

債券的「到期年限」（Maturity）和「存續期間」（Duration）的關係，除了零息債的存續期間等於到期年限，一般付息債券的存續期間則小於到期年限。

- 在其他因素不變下，到期年限愈長，存續期間愈長。
- 存續期間愈長，利率風險愈高：存續期間愈短，利率風險愈低。

所以當預估市場利率趨勢向上時，要挑存續期間短的債券。

債 | 券 | 隨 | 堂 | 考

- 2 年到期的債券，存續期間為 1.75 年。
- 10 年到期的債券，存續期間為 7.5 年。

當市場利率預估趨勢往上時，要挑存續期間短的債券。

當市場利率上升 1% 時：

- 2 年到期的債券，存續期間為 1.75 年，債券價格將下跌 1.75%。
- 10 年到期的債券，存續期間為 7.5 年，債券價格將下跌 7.5%。

可得知 2 年到期的債券價格跌幅低於 10 年到期的債券。

當市場利率預估趨勢向下時，要挑存續期間長的債券。

當市場利率下降 1% 時：

- 2 年到期的債券，存續期間為 1.75 年，債券價格將上漲 1.75%。
- 10 年到期的債券，存續期間為 7.5 年，債券價格將上漲 7.5%。

也就是說，10 年到期的債券價格漲幅高於 2 年到期的債券。

中信美國公債 20 年 ETF 跌幅大於元大美國公債 7-10 年 ETF

2022 年 3 月美國聯準會開始啟動升息，中信美國公債 20 年（00795B）股價從 2022 年 3 月最高 40.33 元，跌至波段最低點 30.60 元，跌幅高達 24.12%。

元大美國公債 7-10 年期（00697B）股價，從 2022 年 3 月最高 39.05 元跌至波段最低點 34.78 元，跌幅僅為 10.93%。

當利率往上調升，中信美國公債 20 年 ETF 跌幅大於元大美國公債 7-10 年 ETF。

相反的，當利率往下調降，中信美國公債 20 年 ETF 漲幅將大於元大美國公債 7-10 年 ETF。

圖 2-1　中信美國公債 20 年期 ETF（00795B）

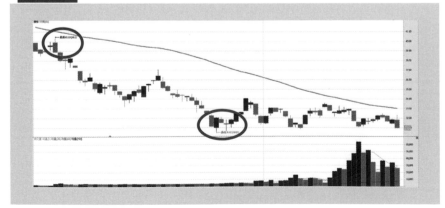

圖 2-2　　元大美國公債 7-10 年期 ETF（00697B）

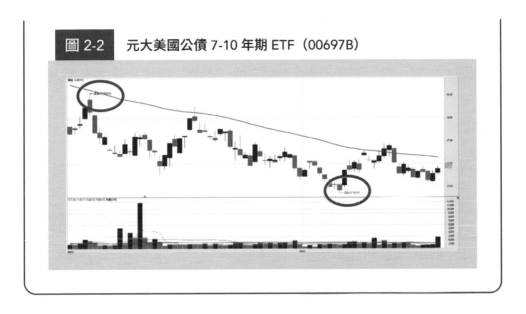

| 表 2-5 | 市場利率上升或是下降，對債券價格的影響 |

	公債期限	存續期間
中信 20 年公債（00795B）	20 年＋	17.3 年
中信 10 年以上公司債（00772B）	10 年＋	14.2 年
中信 10 年以上金融債（00773B）	10 年＋	12.8 年

以中信 20 年公債（00795B）、中信 10 年以上公司債（00772B）及中信 10 年以上金融債（00773B）為例：

- 中信 20 年公債（00795B）的存續期間為 17.3 年，這代表如果市場利率上升 1%，債券價格預估會下跌 17.3%；如果市場利率下降 1%，債券價格預估會上漲 17.3%。

- 中信 10 年以上公司債（00772B）的存續期間為 14.2 年，這代表如果市場利率上升 1%，債券價格預估會下跌 14.2%；如果市場利率下降 1%，債券價格預估會上漲 14.2%

- 中信 10 年以上金融債（00773B）的存續期間為 12.8 年，這代表如果市場利率上升 1%，債券價格預估會下跌 12.8%，如果市場利率下降 1%，債券價格預估會上漲 12.8%

免疫策略──善用存續期間可以避開利率風險

「免疫策略」指的是即使利率有任何變動，皆不影響原有債券投資產生價格的變動，使投資人在特定投資時間內獲得固定之報酬。

簡單說，債券收益來源有：

①票面利息收入：發行者依債券上約定利率支付之利息，不管市場利率上升或下降，票面利息收入是固定不會變。

②資本利得收入：當利率下降，債券價格上漲，就有資本利得收入；相反的，當利率上升，債券價格下跌價，就將產生資本損失。

③再投資收入：收到之目前投資債券的利息後，再把這些利息收入再投資債券之收益。

當投資人買進債券，持有的期間剛好等於該債券的存續期間，就將產生下列結果。

- 當利率上升，債券價格下跌，假設資本損失 2 元，每年收到的利息再投資收入會因市場利率上升帶動票面利率上升增加。此時，再投資收入增加的金額也剛好 2 元。簡單說，再投資收入增加 2 元剛好可以彌補債券價格下跌資本損失的 2 元。

- 當利率下降，債券價格上漲，假設資本利得為 2 元，每年收到的利息再投資收入會因市場利率下降帶動票面利率下降減少。此時，再投資收入減少也會剛好 2 元。簡單說，債券價格上漲的資本利得 2 元剛好可以彌補再投資收入減少的 2 元。

所以債券收益來源，也就是票面利息收入是固定不變的，資本利得或損失與再投資收入將隨著利率變動相互抵消，使得最後總收入固定不變。

這就是「存續期間」的特性，也就稱為「存續期間免疫策略」。

什麼是再投資風險

債券持有人在持有期間收到的利息收入，或是到期時收到的本息，因市場利率往下，導致用於再投資債券所能領到的利息，低於當初購買該債券時的利息收入。

練習題

司馬懿買進美國 5 年期公債面額為 1,000 元，票面利率為 8%，每年付息一次。每年司馬懿可以收到 80 元利息，到期可以收到面額 1,000 元。

當市場利率從原來的 8% 下降至 7% 時，再去投資債券，只能買到票面利率為 7% 的債券，因此每年可以收到的利息減少 10 元，只能領到 70 元。而減少 10 元利息的風險，則稱為「再投資風險」。

這是因為司馬懿領到本金利息時，無法再買到高於 8% 以上利率的債券。

練習題

司馬懿買進 6 年期美國公債（雖然美國發行的公債沒有 6 年期，但為了計算方便，以 6 年期的公債為例），面額為 1,000 元，票面利率為 8%，市場利率為 8%，每年付息一次。，司馬懿每年可以收到 80 元利息，存續期間為 5 年。

雖然司馬懿買進的是 6 年期的美國公債，但只要司馬懿持有期間剛好等於該債券的存續期間 5 年，就可以避開利率風險。

當市場利率從本來的 8% 上升至 9%，或是下降至 7% 時，司馬懿每年領的利息、期間再投資收益及持有 5 年賣掉債券的資本利得或損失有何變化？

① 司馬懿每年可以收到 80 元利息，這是以票面利率為 8% 計算出來的，持有 5 年，可以領到利息總額為 400 元。這 400 元的利息，不會因為市場利率從 8% 上升至 9%，或是下降至 7% 有所改變。

② 當市場利率為 8% 時，司馬懿持有 5 年可以領到利息總額 400 元。每年領到 80 元利息，再投資債券的再投資收益為 69 元，在持有到第 5 年賣出債券可拿到金額 1,000 元，持有 5 年可收到現金總額 1,469 元。

③ 當市場利率為 7% 時，司馬懿持有 5 年同樣可以領到利息總額 400 元，每年領到 80 元利息，再投資債券的再投資收益則減少至 60 元，較市場利率 8% 時減少 9 元。但在持有到第 5 年賣出債券可拿到金額 1,009 元（因市場利率下降，賣出債券上漲 9 元的資本利得），再投資收入會減少 9 元，債券價格上漲 9 元相互抵消，持有 5 年可收到現金總額 1,469 元。

④ 當市場利率為 9% 時，司馬懿持有 5 年同樣可以領到利息總額 400 元，每年領到 80 元利息，再投資債券的再投資收益增加至 78 元，較市場利率 8% 時增加 9 元。在持有到第 5 年賣出債券可拿到金額 991 元（因市場利率上升，賣出債券下跌 9 元的資本損失），再投資收入會增加 9 元，債券價格下跌 9 元相互抵消，持有 5 年可收到現金總額 1,469 元。

只要司馬懿持有債券的期間，剛好等於該債券的存續期間 5 年，使得債券價格上漲或下跌的 9 元金額，與再投資收益增加或減少 9 元可以相互抵消，司馬懿就能在這 5 年內獲得 1,469 元的固定收益。如此，司馬懿就可避開因利率上升債券價格下跌的風險，也就是利率風險。

表 2-6　市場利率變動對利息、再投資收益及債券價格的影響

市場利率	下降至 7%	8%	上升至 9%
持有 5 年可以領到的利息總額	400 元 （80 元 ×5 年）	400 元 （80 元 ×5 年）	400 元 （80 元 ×5 年）
再投資收益	60 元（－9 元）	69 元	78 元 （＋9 元）
在持有到第 5 年賣出債券可拿到金額	1,009 元 （＋9 元）	1,000 元	991 元 （－9 元）
持有 5 年可收到現金總額	1,469 元	1,469 元	1,469 元

殖利率倒掛真的代表經濟將衰退？

▌殖利率曲線倒掛的意義普遍遭到誤解

　　自 2022 年 7 月 5 日以來，美國 2 年期公債殖利率與 10 年期公債殖利率一直處於倒掛狀態。這是自 1980 年 5 月 1 日以來持續最長的一次，當時共倒掛了 466 個交易日。

　　如果殖利率倒掛真的代表經濟將衰退，美國聯準會勢必要降息，甚至快速降息救經濟，這麼一來長期債券的投資價值將浮現，再加上透過投資債券，在股市動盪時期，做好股債資產配置，也可讓投資人有避險的工具。

　　美國債券殖利率倒掛不代表美國經濟將衰退，這是我一直以來的看法。

　　所謂「殖利率曲線倒掛」，意指短期公債殖利率變得比長期公債殖利率還要高，這種反常現象過去多精準預告衰退將至。

　　諾貝爾經濟學獎得主克魯曼認為，殖利率曲線倒掛的意義普遍遭到誤解，其實殖利率曲線倒掛並不會造成一波衰退，只是隱含聯準會對未來政

策走向的預期，預測未來將大幅調降利率；也就是說，殖利率曲線倒掛其實不應當作「獨立證據」。克魯曼認為，雖然過去美債殖利率曲線倒掛被認為是經濟衰退的指標，但不該因為市場共識，就認為美國一定會迎來經濟衰退。

　　一般情況下，當債券的到期時間愈長，殖利率會愈高，因為對於投資人來說，長天期的債券需要較久的時間才能拿回本金，由於承受的風險及不確定性較大，因此會要求更高的利息作為補償。

　　舉例來說，如果投資人將錢放在銀行定存，卻發現 1 年期定存利率比 3 年期定存更高，一定會優先選擇 1 年期定存，不會選擇 3 年期定存，因為存戶存得愈久，期間解約的風險也愈高。

　　若在期間解約，存款人的利息將打折計算，再加上銀行的定期存款期間最長 3 年，銀行的放款比率中，期限在 7 年以上，甚至是 20 年。銀行有以短支長的風險放款，所以往往會提供長天期定存更高的利息，作為吸引民眾的誘因。

殖利率曲線是什麼？

　　殖利率曲線是由不同到期年限的公債殖利率所繪出的線圖。

　　美國財政部發售多種長短期公債，在正常情況下，長期公債的殖利率較高，短期公債殖利率則較低；一旦短期公債的殖利率超過長期公債，即出現不正常的倒掛現象。

　　根據公債到期期限的不同，可區分為長天期公債、短天期公債。一般而言，市場以「10 年期美國公債」作為長天期公債的代表，「2 年期美國公債」則為短天期公債的代表。

圖 3-1 　　2022 年 4 月 1 日美國公債殖利率（%）

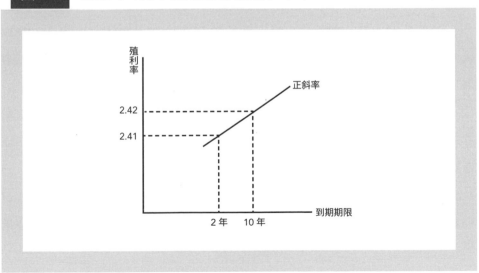

圖 3-2　　2022 年 4 月 8 日美國公債殖利率（%）

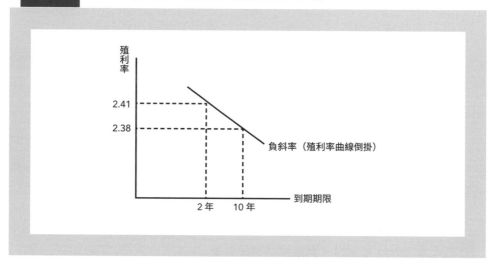

當短天期的殖利率較低，長天期的殖利率較高，連結起來就是正斜率的殖利率曲線（**圖 3-1**）；相反地，當到期日愈短的債券，殖利率反而愈高，這就叫作「殖利率曲線倒掛」（**圖 3-2**）。

①當殖利率曲線向右上揚（正斜率），表示 10 年期美國公債殖利率高於 2 年期美國公債殖利率，代表市場資金寬鬆，經濟活動將擴張，長期會有物價走升壓力。

一般來說，長天期公債因天期長及流動性、通膨預期與違約可能性有相對溢價要求，其殖利率多半高於短天期公債，因此正斜率是經濟活動常態，銀行也可以以短支長做信貸擴張（**圖 3-1**）。

②當殖利率曲線向右呈下跌態勢（負斜率），俗稱為「殖利率倒

掛」。代表 10 年期美國公債殖利率低於 2 年期美國公債殖利率，意味經濟將步入衰退，市場對未來前景看弱（見**表 3-1**）。

殖利率倒掛之所以出現，常在景氣過熱時，各國央行為抑制景氣過熱或通膨而提高利率，由於過度緊縮的貨幣政策阻礙經濟成長，帶來短期利率高漲，或是投資人對未來經濟成長的憂慮，投資人買進 10 年期公債作為避險，造成 10 年期公債價格上漲，殖利率的下跌 （**圖 3-2**）。銀行無法藉由以短支長作信貸擴張，不利經濟活動。

表 3-1 2023 年 7 月 6 日至 7 月 14 日美國公債殖利率（%）

公債期	2月	3月	6月	2年	3年	5年	7年	10年	20年	30年
2023/07/14	5.49	5.49	5.52	4.74	4.35	4.04	3.94	3.83	4.11	3.93
2023/07/13	5.50	5.47	5.49	4.59	4.21	3.93	3.85	3.76	4.07	3.90
2023/07/12	5.49	5.47	5.53	4.72	4.36	4.07	3.97	3.86	4.14	3.96
2023/07/11	5.48	5.49	5.55	4.88	4.52	4.24	4.13	3.99	4.22	4.03
2023/07/10	5.47	5.48	5.54	4.85	4.54	4.25	4.14	4.01	4.24	4.05
2023/07/07	5.47	5.46	5.53	4.94	4.64	4.35	4.23	4.06	4.27	4.05
2023/07/06	5.47	5.46	5.54	4.99	4.68	4.37	4.22	4.05	4.23	4.01

美國 10 年期公債殖利率較受經濟成長與通膨預期影響，常被拿來檢視美國未來通膨狀況，美國 2 年期公債殖利率較受聯準會貨幣政策影響，因此常被拿來預測美國利率決策走向，所以美國 2 年期公債殖利率與美國聯邦基金利率變化一直保持相當密切的連動性。

　　1970 年代以來，美國出現過七次經濟衰退，每次衰退前都出現倒掛，倒掛出現後，要多久才會出現經濟衰退？據研究顯示，經濟衰退在一年內出現的機會達 67%，在兩年內出現的機率達 98%。

- 2000 年網路泡沫時期，從殖利率曲線倒掛，到 2001 年出現經濟衰退經過 422 天。
- 2008 年金融海嘯時期，從殖利率曲線倒掛，到 2009 年出現經濟衰退經過 571 天。
- 2019 年 8 月 14 日美債殖利率曲線倒掛，到 2020 年出現經濟衰退經過 163 天，但 2020 年經濟的衰退為 2019 年 COVID-19 所造成的，與殖利率倒掛沒有關係。

▎提高利率才是造成經濟衰退的元兇

從「殖利率倒掛」到「經濟衰退」，期間有相當距離，但影響經濟的因素相當多，所以殖利率曲線倒掛與經濟衰退不一定有必然關係，更不是因果關係。殖利率倒掛只是美國聯準會提高利率，所造成經濟衰退的傳導過程現象。

投資人想一想，為什麼會發生經濟衰退？因為廠商持續倒閉，失業率大幅攀升。那麼廠商為什麼會倒閉？當然是因為經營持續虧損。接下來，我用最簡單的思維說明「利率」與「廠商是否會倒閉」之間的關係：

①當市場的利率 10%，只要廠商賺不到 10%，將可能倒閉。

②當市場的利率 5%，只要廠商賺不到 5%，將可能倒閉。

③當市場的利率 2%，只要廠商賺不到 2%，將可能倒閉。

回溯過去可以發現：

① 2000 年初泡沫經濟破滅前，出現殖利率曲線倒掛，當時美國聯邦基金的利率最高 6.5%。

② 2006 年底出現殖利率曲線倒掛，當時美國聯邦基金的利率高達 5.25%。

2000 年與 2006 年出現殖利率曲線倒掛，是貨幣政策緊縮，投資人預期未來景氣將衰退而產生倒掛。

重點來了，發生殖利率曲線倒掛的原因有兩種：

一、投資人預期未來景氣將衰退，買進長天期 10 年期公債避險，造

成公債價格上漲，殖利率下跌（債券價格與殖利率呈現反向關係），導致 2 年期美債殖利率大於 10 年期美債殖利率。

因為二十世紀初景氣循環為 7 至 10 年左右，也就是投資人預期未來景氣將衰退，期間將達 7 至 10 年，所以投資人將買進 10 年期的公債作為避險。

但二十一世紀初景氣循環縮短為 2 至 3 年左右，這代表縱使投資人預期未來景氣將衰退，也將只有 2 至 3 年，所以投資人應該買進 2 年期的公債作為避險較為合理。

簡單來說，當景氣循環從 7 至 10 年左右縮短為 2 至 3 年左右，或許用 3 個月與 3 年期殖利率倒掛，更能說明聯準會提高利率造成經濟衰退傳導過程。

二、市場資金過於浮濫，資金跑到債券市場，買進長天期 10 年期公債，造成公債價格上漲，殖利率下跌，一樣會導致 2 年期美債殖利率大於 10 年期美債殖利率。

大部分投資人都將美債殖利率曲線倒掛視為景氣衰退的訊號，導致 2019 年 8 月 14 日美股受到美債殖利率曲線倒掛影響，開盤之後一路殺低，收盤道瓊指數再度雪崩 800 點，創下自 2018 年 10 月 10 日以來的最大跌點。

2019 年 8 月 14 日，美國 2 年期和 10 年期公債殖利率曲線倒掛，這次的倒掛並不是美國經濟衰退的警訊，因為當時美國聯準會利率僅有 2%，貨幣政策屬於寬鬆，是市場資金過於浮濫造成的倒掛，投資人卻誤認為是景氣即將衰退的訊號。

　　2020 年，經濟出現衰退是 2019 年的 COVID-19 造成的，導致股市大跌 25%，這也不是因為殖利率曲線倒掛，造成經濟衰退與股市大跌。

債 | 券 | 隨 | 堂 | 考

　　1.　殖利率曲線倒掛與經濟衰退不一定有著必然的關係。出現殖利率曲線倒掛是因貨幣政策緊縮，造成投資人預期未來景氣將衰退而產生倒掛。

　　2.　縱使美國公債出現第一次殖利率曲線倒掛是經濟衰退的領先指標，但根據歷史經驗可以期待後續還有 20 個月的股市多頭走勢，所以先別急著賣股票。要注意的是，股市在殖利率曲線倒掛之後的數月內，確實可能持續上攻，但這絕不是規則。

　　3.　看懂走勢，就可以掌握經濟興衰、股市與債市的買賣點。

4 ▶ 認識升降息與 債券報酬率

▎請問億元教授，聯準會何時降息？

2008 年諾貝爾經濟學獎得主克魯曼指出，美國痛苦指數大跌，同時反映了「並未發生」與「已經發生」的事實。

美國前總統詹森和國策顧問亞瑟・歐肯（Arthur Okun）於 1970 年代創立的痛苦指數，透過加總通膨及失業率來衡量經濟是否強勁。這項指標在 2021 年、2022 年隨物價飆漲攀升，但過去一年逐步下滑，克魯曼稱之為「引人矚目的轉折」。

圖 4-1 　美國痛苦指數

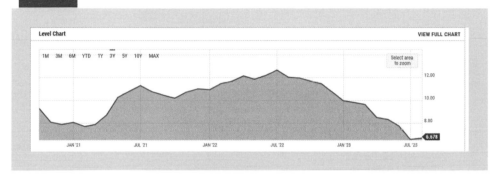

圖片來源：https://ycharts.com/indicators/us_misery_index

痛苦指數公式

痛苦指數＝失業率百分比＋通貨膨脹百分比

假如失業率為 10%，通貨膨脹為 8%，痛苦指數為 18%。

失業率百分比＋通貨膨脹百分比為什麼稱為痛苦指數呢？試想一下，如果一個人沒有工作，物價有很高，當然很痛苦。

克魯曼所說的「未發生的事實」是，美國經濟沒有陷入衰退，即便新聞媒體不斷示警，2021 年 12 月起，美國失業率都維持在 4% 以下的充分就業，失業率依舊保持在近 50 年低點。

所謂充分就業（Full Employment），是指在一個國家中，除了少數如摩擦性失業（學校剛畢業或是正在轉換工作等失業率約 4%）的因素之

外，想要就業的人都已經就業，即為充分就業。所以一般而言，只要失業率低於 4%，就可以認定是充分就業。

圖 4-2   **美國失業率走勢圖──美國經濟沒有陷入衰退**

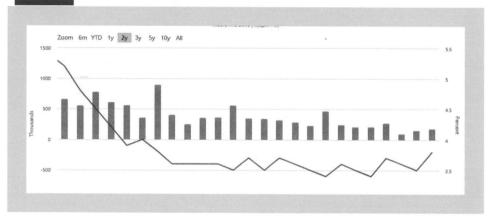

圖片來源：財經M平方

克魯曼所說「已經發生的事實」是通膨正在快速降溫。事實上，最近幾月美國通膨逐漸趨緩，從 2022 年 7 月的 9.03％高峰一路下降，到 2023 年 6 月僅剩 3％。

圖 4-3　美國通膨走勢圖

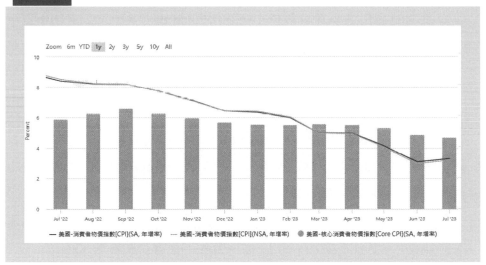

圖片來源：財經M平方

美國實質利率轉為正

實質利率＋預期通貨膨脹率（物價上漲率）

根據費雪方程式指出，名目利率要扣除掉物價上漲率之後，才是真正的利率（實質利率）。

目前美國聯邦基金利率來到 5.5％（名目利率），7 月美國 CPI 降至 3.2％，如此一來，實質利率為 2.3％。

實質利率＝名目利率－通貨膨脹率

2.3％＝ 5.5％－ 3.2％（7 月 CPI）

美國舊金山聯邦準備銀行總裁戴利（Mary Daly）說：「我們確實看到銀行減少貸款量，並提高貸款標準，現在需要仔細觀察，以了解信貸收緊的程度以及預期的持續時間。」

目前美國聯邦基金利率來到 5.5％，再加上「兩次升息」可視為 6％（名目利率），7 月美國 CPI 為 3.2％，如此一來實質利率為 2.8％。

實質利率＝名目利率－通貨膨脹率

2.8％＝ 6％－ 3.2％（7 月 CPI）

為什實質利率上升有利於抑制通膨？

司馬懿現在有 100 元可以吃一碗牛肉麵，此時司馬懿有兩個選擇，一個是當場用 100 元吃一碗牛肉麵，另一個是將 100 元存入銀行。

如果銀行一年期定存利率為 5%，一年後司馬懿可以領到本利和為 105 元，若通貨膨脹率為 10%，一年之後吃一碗牛肉麵要花 110 元。到時候司馬懿領到的 105 元，已經無法買到 110 元的牛肉麵了。因為通膨造成購買力下降，導致「錢薄了」，司馬懿擔心購買力下降，較可能選擇消費，如此一來，需求增加，較不易控制通膨。

如果銀行一年期定存利率為 10%，一年後司馬懿可以領到本利和為 110 元，若屆時通貨膨脹率只有 5%，一年之後司馬懿可以領到 110 元，但吃一碗牛肉麵只需 105 元，此時司馬懿將可以安心把錢存在銀行，不會擔心購買力下降，如此一來，需求將會下降，利於控制通貨膨脹。

所以當實質利率大幅度往上提升，可以更有效的抑制通膨。

克魯曼認為痛苦指數大跌，反映了美國經濟沒有陷入衰退，同時通膨正在快速降溫，因此美國明年上半年降息的機率相當高。

升息進入尾聲，預期債優於股

　　以過去美國升息對金融市場的影響來看，預估目前應處於第三階段「升息見頂」往第四階段「暫停升息」的路上，美國升息已進入尾聲，預期債市表現將優於股市。

圖 4-4

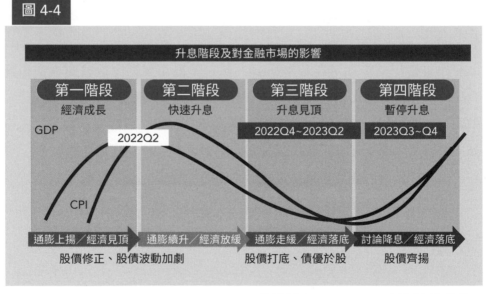

資料來源：Bloomberg、中國信託投信整理

甜蜜點浮現，美國公債資本利得可期

　　1994 年升息循環頂峰後，3 個月、6 個月、1 年及 2 年的美國 20 年公債的漲幅分別為 5.8%、13.2%、28.5% 及 26.4%。

| 表 4-1 | 1994 年升息循環頂峰後 |

升息頂峰後	3 個月	6 個月	1 年	2 年
漲跌幅（%）	5.8%	13.2%	28.5%	26.4%

資料來源：Bloomberg、中國信託投信整理

　　1999 年升息循環頂峰後，3 個月、6 個月、1 年及 2 年的美國 20 年期以上公債指數的漲幅分別為 7%、9.5%、11% 及 19.2%。

| 表 4-2 | 1999 年升息循環頂峰後 |

升息頂峰後	3 個月	6 個月	1 年	2 年
漲跌幅（%）	7.0%	9.5%	11.0%	19.2%

資料來源：Bloomberg、中國信託投信整理

2004 年升息循環頂峰後，3 個月、6 個月、1 年及 2 年的美國 20 年期以上公債指數的漲幅分別為 8.4%、8.9%、6.9%及 21.2%。

表 4-3　2004 年升息循環頂峰後

升息頂峰後	3 個月	6 個月	1 年	2 年
漲跌幅（%）	8.4%	8.9%	6.9%	21.2%

資料來源：Bloomberg、中國信託投信整理

2018 年升息循環頂峰後，3 個月、6 個月、1 年及 2 年的美國 20 年期以上公債指數的漲幅分別為 0.8%、10.8%、1.57%及 34.5%。

表 4-4　2018 年升息循環頂峰後

升息頂峰後	3 個月	6 個月	1 年	2 年
漲跌幅（%）	0.8%	10.8%	15.7%	34.5%

資料來源：Bloomberg、中國信託投信整理

上述的資料僅為歷史數據資料，3 個月、6 個月、1 年及 2 年美國 20 年期以上公債指數的漲幅，將受到當時預期心理及美國聯準會後來降息的

速度與幅度有所不同而變化。分析 1994 年、1999 年、2004 年及 2018 年
升息循環頂峰後 3 個月、6 個月、1 年及 2 年美國 20 年期以上公債指數都
是正的報酬率。

縱使美國景氣大幅度衰退——公債表現相對突出

　　克魯曼認為美國經濟將軟著陸，目前看來似乎是「伸手可及」。克魯
曼指出，最新的消費者通膨數據暗示美國經濟可能實現軟著陸，這意味通
膨在恢復正常水準之際、失業率也不會激增。

　　但萬一美國經濟惡化衰退，美國聯準會勢必較激烈的降息，從過去統
計資料來看，美國 1-3 年、7-10 年，20 年以上的公債指數，漲幅分別為
6.39%、14.51 及 17.43%。可以看出美國 1-3 年公債存續期間最短，美國
降息時漲幅只有 6.39%，20 年以上的公債存續期間最長，美國降息時漲
幅高達 17.43%。

　　以目前美國經濟還是處於擴張末期，此時美國 1-3 年、7-10 年、20 年
期以上的公債指數漲幅分別還有 3%、3.55 及 3.81%。

| 表 4-5 | 不同景氣階段下主要債券表現 |

表 4-5　不同景氣階段下主要債券表現

	惡化	修復	復甦	擴張／未期
美國公債	11.33%	4.42%	-1.31%	3.28%
1-3 年	6.39%	1.78%	0.70%	3.00%
7-10 年	14.51%	4.96%	-1.66%	3.55%
20+ 年	17.43%	7.40%	-4.92%	3.81%
美國投資級債	-0.27%	17.64%	0.99%	2.81%
AAA	7.24%	10.22%	-2.08%	3.20%
AA	4.90%	11.00%	-0.38%	2.75%
A	1.34%	15.12%	0.24%	2.74%
BBB	-3.23%	22.23%	1.97%	2.80%
非投資級債	-13.14%	32.65%	8.94%	3.50%
科技	-13.56%	49.67%	7.90%	2.25%
銀行	-12.83%	33.10%	9.34%	2.91%
能源	-15.49%	37.56%	15.51%	3.40%
電信	-17.74%	45.76%	7.64%	3.39%
新興主權債	-6.60%	27.59%	5.75%	3.34%
投資級債	2.44%	16.97%	0.61%	1.81%
非投資級債	-17.34%	32.77%	9.80%	1.80%
新興企業債	-6.13%	22.94%	4.96%	0.97%
投資級債	-1.45%	18.02%	2.97%	1.21%
非投資級債	-15.49%	20.41%	4.98%	1.29%

資料來源：Bloomberg、中國信託投信整理，資料時間截至 2023 年 5 月 31 日

當美債殖利率觸及 4%，投資級債及公債報酬率優

2003 年 6 月 30 日至 2023 年 6 月 30 日之間，當 10 年期美債殖利率觸碰 4%時：

① 進場投資 3 個月之平均報酬率，投資公司債的指數上漲 4.4%；投資 20 年以上美國公債指數上漲 6.5%。

② 進場投資 6 個月之平均報酬率，投資公司債的指數上漲 3.8%；投資 20 年以上美國公債指數上漲 6.7%。

③ 進場投資 1 年之平均報酬率，投資公司債的指數上漲 8.8%；投資 20 年以上美國公債指數上漲 6.1%。

④ 進場投資 2 年之平均報酬率，投資公司債的指數上漲 15.5%；投資 20 年以上美國公債指數上漲 18.9%。

圖 4-6

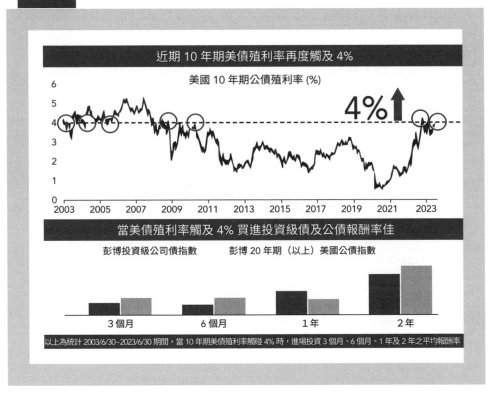

資料來源：Bloomberg、中國信託投信整理，資料時間截 2003 年 6 月 30 日至 2023 年 6 月 30 日

暫停升息期間投資等級債平均期間及漲跌幅

從 1994 年 1 月 1 日至 2023 年 5 月 31 日間，暫停升息期間投資等級
債平均期間及漲跌：

① 從 1995 年 2 月聯邦基金利率來到最高點，至 1995 年 7 月開始啟
動降息，期間約 5 個月，投資等級公司債指數上漲 11.9%。

② 從 2000 年 5 月聯邦基金利率來到最高點，至 2001 年 1 月開始啟
動降息，期間約 8 個月，投資等級公司債指數上漲 11.1%。

③ 從 2006 年 6 月聯邦基金利率來到最高點，至 2007 年 9 月開始啟
動降息，期間約 15 個月，投資等級公司債指數上漲 8.6%。

圖 4-7

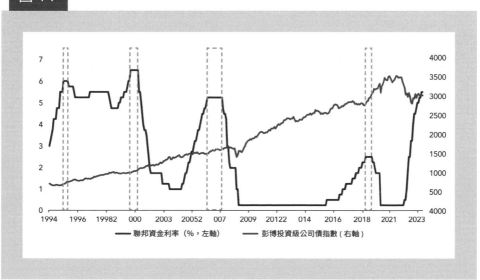

資料來源：Bloomberg、中國信託投信整理

④ 2018 年 12 月聯邦基金利率來到最高點，至 2019 年 7 月開始啟動
　 降息，期間約 7 個月，投資等級公司債指數上漲 9.8%。

表 4-6　**暫停升息期間投資級債平均期間及漲跌幅**

升息高點	降息時點	利率維持期間	投資等級公司債指數
1995/2	1995/7	5 個月	＋ 11.9%
2000/5	2001/1	8 個月	＋ 11.1%
2006/6	2007/9	15 個月	＋ 8.6%
2018/12	2019/7	7 個月	＋ 9.8%
平均期間及漲幅		8.75 個月	＋ 10.4%

資料來源：Bloomberg、中國信託投信整理

Lesson

5 ▶ 了解 ETF 折溢價

▌ 什麼是 ETF 折溢價

- **ETF 溢價：淨值＜市價──代表現在買進價格被高估。**
- **ETF 折價：淨值＞市價──代表現在買進價格被低估。**

如果投資人要買進台企銀（2834）、富邦金（2881）、兆豐金（2886）、元大金（2885）及第一金（2892）五檔金融股各買一張，以下表價格為例，投資人必須要有 180 元才能買得起。

如果市場上有券商把台企銀（2834）、富邦金（2881）、兆豐金（2886）、元大金（2885）及第一金（2892）五檔金融股，分別各為 20% 權重創造成為一檔股票，這檔個股可視為金融股 ETF。

目前這五檔金融股創造出來的金融股 ETF 的淨值為 36 元，如果市價也是 36 元，這檔金融股 ETF 就沒有 ETF 折溢價的問題，也就是說，投資人只要用 36 元就可買到這五檔金融股，這就是 ETF 的概念。因為五檔都為金融股，所以以金融股為主題所創造出來的 ETF 可以稱為「主題式 ETF」。

表 5-1	主題式 ETF			

股票	股價	權重	平均價格
台企銀（2834）	15 元	20%	3 元
富邦金（2881）	70 元	20%	14 元
兆豐金（2886）	40 元	20%	8 元
元大金（2885）	25 元	20%	5 元
第一金（2892）	30 元	20%	6 元
股價合計	180 元	淨值	36 元

如果投資人以市價 33 元買進淨值為 31 元的金融股 ETF，稱為「ETF 溢價」；如果投資人以市價 30 元買進淨值為 31 元的金融股 ETF，稱為「ETF 折價」。

「非主題式 ETF」，例如台灣 50ETF（0050），是由上市股票中評選出 50 檔市值最大的公司，由於組成市值最大的 50 家上市公司分布在各種產業中，所以不是「主題式 ETF」。

| 表 5-2 | 台灣 50ETF（0050）行業比重（2023 年第二季） |

產業名稱	比例%	產業名稱	比例%	產業名稱	比例%
半導體業	56.48	通信網路業	2.55	水泥工業	0.83
金融保險業	14.14	食品工業	1.27	光電業	0.75
其他電子業	4.68	鋼鐵工業	1.26	電機機械	0.56
電子零組件業	4.04	航運業	1	貿易百貨	0.55
塑膠工業	3.33	其他	0.98	紡織纖維	0.46
電腦及周邊設備業	3.29	汽車工業	0.9	油電燃氣業	0.4

主題式 EFT 與非主題式 ETF

台灣 50ETF 雖然是選五十家市值最大的上市公司，但半導體業比重超過 50％。如果投資人是看好半導體產業，也可以尋找以半導體為主的 ETF，作為投資的標的。例如，中信台灣 ESG 永續關鍵半導體 ETF（00891）。

台灣 ESG 永續關鍵半導體 ETF 成分股由三十檔台灣上市或上櫃股票組成，因為這檔 ETF 是以半導體產業為主題，為「主題式 ETF」。台灣 ESG 永續關鍵半導體 ETF 主要投資台灣的半導體上下游公司，其前五大成分股分別是台積電（19.44％）、聯發科（19.03％）、聯電（10.04％）、日月光投控（6.76％）及聯詠（4.6％）前五大成分股占比超過 50％。

表 5-3 中信台灣 ESG 永續關鍵半導體 ETF（00891）前 10 大持股

	前 10 大成分股	權重（%）		前 10 大成分股	權重（%）
1	台積電	19.44	6	瑞昱	3.76
2	聯發科	19.03	7	世芯 -KY	2.70
3	聯電	10.04	8	創意	2.54
4	日月光投控	6.76	9	力旺	2.47
5	聯詠	4.60	10	環球晶	2.04

資料來源：中國信託投信官網，資料截至 2023 年 7 月 31 日

▎ETF 折溢價可創造套利空間

談到 ETF 溢價，近期投資人最關心的，不外乎就是元大美債 20 年（00679B）於 2023 年 5 月 23 日出現過溢價 4.03％的情況，本次的 ETF 溢價事件是建立在市場利率與債券價格呈反向關係。

美國聯準會升息大部分的債券都會下跌，隨著聯邦基金利率由 0 至 0.25％大幅升息至 4.75 至 5％，讓美國 20 年期以上的美國公債價格也一路走低逼近 20 年低點。

2022 年 10 月聯準會一次升息 3 碼的暴力升息，美國 20 年期公債 ETF-TLT 債券價格也來到波段的低點。2023 年 7 月，美國聯準會再次升息一碼，聯邦基金利率來到二十二年新高，也就是 5 至 5.25％，但是各天期債券價格卻沒有破底。

這樣的現象代表投資人預期美國聯準會升息循環也即將進入尾聲，因此投資人認為目前元大美債 20 年（00679B）的股價應該是低點，願意用高於淨值的價格在市場購買，進而產生 ETF 溢價事件。

元大投信也在 2023 年 7 月 4 日第六度追加募集，等到主管機關通過後，讓投資人可以用淨值向該 ETF 的參與券商提出申請申購，申購一單位為 500 張。而元大投信追加募集，同樣也提供券商或是市場有能力有財力的投資人創造有利的套利空間。

債券 ETF 知識＋

追加募集申購流程為：

1. 向參與券商提出申請——T 日（T ＝ Today）。

2. 參與券商回報有無額度——T+1 日（有額度當天繳款，無額度繼續申請）。

3. T+4 日為募集追加配發股票日，約莫 11:00 股票就會入集保。

補充說明：該檔個股如無須圈存交易，通常券商會給客戶在 T+3 欠券賣出。

債券 ETF 溢價套利

圖 5-1 元大美債 20 年（00679B）2023 年 8 月 11 日日線圖

1. 套利鎖單獲利之計算

2023 年 8 月 11 日元大美債 20 年 ETF 的淨值為 30.3991 元，市價為 31.02 元，存在有 0.62 元（2.04%）的溢價空間。

如果投資人於 2023 年 8 日 11 日可以淨值 30.3991 元申購 500 張元大 美債 20 年 ETF，所需支付的價金為 15,199,550 元。並以市價 31.02 元以

融券放空，或是借券放空方式，進行套利，可以獲利為 310,450 元。

- 以淨值申購支付金額：30.3991 元 ×1,000 股 ×500 張＝ 15,199,550 元。
- 以市價賣出收到金額：31.02 元 ×1,000 股 ×500 張＝ 15,510,000 元。
- 套利獲利金額：15,510,000 元—15,199,550 元＝ 310,450 元。

在 0.62 元（2.04％）的溢價空間，投資人進行套利鎖單可以獲利 310,450 元（不考慮手續費與稅與借券費用）。在 2023 年 5 月 23 日元大美債 20 年（00679B）出現過溢價達 4.03％的情況下，進行套利，獲利更可觀。

2. 套利鎖單所需使用資金

狀況一 融券放空

8 月 11 日使用融券放空，需繳交的融券保證金的金額為 13,959,000 元。

31.02 元 ×1,000 股 ×90％（融券保證金成數）×500 張＝ 13,959,000 元。

15,199,550 元（申購金額）+13,959,000 元（融券放空保證金）＝ 29,158,550 元（進行套利鎖單所需的資金）。

狀況二 借券放空

8 月 11 日投資人使用借券放空（計算借券保證金要以前一天收盤價計算出所需的借券保證金），例如 8 月 11 日（週五）借券，要以 8 月 10 日（週四）收盤價 31.2 元計算要繳交的借券保證金。

31.2 元 ×1,000 股 ×140%（借券保證金成數）×500 張 = 21,840,000 元

如果星期五借券放空，所需支付給券商的借券保證金成數為 140%。若當天隨即賣出，保證金其實只承擔 40%。也就是說，如果星期五賣出價格也是 31.2 元，在下週二交割時，可拿回繳交 140% 中的 100%，即借券保證金成數只需 40%，星期五拿到的實券相當於借券保證金成數 100% 賣出時。

31.2 元 ×1,000 股 ×100% ×500 張 = 15,600,000 元（回收資金增加資金利用率）。

實際上只有付出金額：21,840,000 元 － 15,600,000 元 = 6,240,000 元。

15,199,550 元（申購金額）+ 21,840,000 元（借券放空保證金金額）= 37,039,550 元（進行套利鎖單所需的資金）。

投資人如果要進行套利，以獲利 310,450 元，如果以融券放空需要投入 29,158,550 元的資金；如果以借券放空需要投入 37,039,550 元的資金。因為投入的資金數額龐大，一般投資人難有機會進行套利。所以券商自營商與投信公司，或是市場有能力有財力的投資人才有辦法進行套利，這點投資小白是沒有機會的。

槓桿型 ETF 或反向型 ETF 不適合長期持有

　　使用股票包裝出來的 ETF，又稱為「原型 ETF」，只要投資的區域或產業沒有產生系統性風險，那透過投信公司每年、每半年或每季的調整機制基本上投資原型的 ETF 不太會有問題；國內代表：台灣 50ETF（0050）、元大高股息（0056），國外代表：SPY 標普 500 指數 ETF、QQQ 那斯達克 100 指數 ETF、DIA 道瓊工業平均指數 ETF。

　　那什麼是槓桿型 ETF 呢？大部分的槓桿型 ETF 都是透過期貨包裝而成，並且分為兩倍作多或一倍作空，如果時間一拉長，投資人持有的連結相關投資區域或是產業沒有上漲或下跌，那使用期貨包裝而成的槓桿型 ETF，或反向型 ETF 會隨著期貨每次的換倉成本，讓 ETF 增加投資成本減少投資績效。

台灣 50 反 1 創下掛牌以來新低股價

　　以元大台灣 50 反 1（00632R）為例，這是反向一倍的 ETF，簡單的說，台灣 50 反 1 作空，也就是當大盤行情下跌時，台灣 50 反 1 的價格反而會往上漲，因此許多投資人都把台灣 50 反 1 視為避險工具。或許短期可以達到避險，長期以台灣 50 反 1 作為避險工具是錯誤的投資觀念。

　　台灣 50ETF（0050）是由台灣市值排名前 50 大的企業所建構成的 ETF，但投資人要了解台灣 50 反 1 並不是實際放空台灣市值排名前 50 大的企業，也就是台灣 50 反 1 並不是去放空台積電、鴻海、聯發科、台達電及聯電等個股。

台灣 50 反 1 持有台股期貨（TX）以及台灣 50ETF 股票期貨（NYF）。而這些期貨商品每個月都要換約，而每次換約就是會付出交易的成本，因此若是行情處在小區盤整時，台灣 50 反 1 的淨值也會一點一點地減少，除非行情出現崩跌，期貨空單大賺，否則台灣 50 反 1 就不容易賺到錢。當行情上漲時，台灣 50 反 1 的淨值會減少，而就算行情不漲，台灣 50 反 1 淨值也會減少。

表 5-3　台灣 50 反 1 的期貨權重

商品代碼	商品名稱	商品數量	商品權重	商品年月
TX	台股期貨	-10,750 口	88.87 %	2023 年 8 月
NYF	台灣 50ETF 股票期貨	-3,600 口	11.32%	2023 年 8 月

2022 年 1 月台股指數創下歷史高點 18,619 點之後，一路持續下跌至 10 月的 12,629 點，跌幅 32.17%。

同時台灣 50 反 1 的股價也從 5.03 元大漲到 10 月 25 日的 6.73 元，漲幅 33.79%，上漲的幅度相當大。但是當指數從 12,629 點漲到 2023 年 7 月 31 日最高點 17,463 點，漲幅高達 38.27%，同時間台灣 50 反 1 的股價也從 6.73 元大跌至 2023 年 7 月 31 日的最低 4.63 元，跌幅高達 31.20%。

重點來了，台股指數尚未創下新高，但是台灣 50 反 1 的股價卻已經

創下歷史新低了。

　　台灣 50 反 1 於 2014 年 10 月 31 日以 19.99 元掛牌，當天台股指數為 8,974 點，台灣 50 反 1 的股價於 2015 年 8 月創下 23.84 元，到目前最低價 4.63 元，跌幅高達 80.57%，讓長期投資人不勝唏噓。

圖 5-2　　**台灣 50 反 1 的股價**

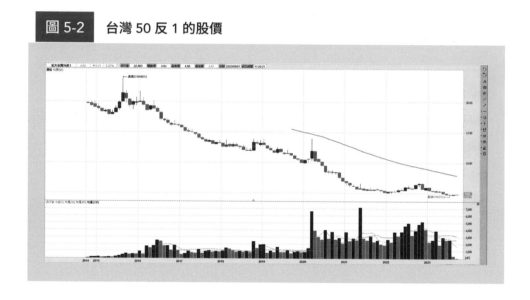

　　若是要投資槓桿型 ETF 或反向型 ETF，持有的時間不可以太長；國內代表元大台灣 50 單日正向 2 倍（00631L）、元大台灣 50 單日反向 1 倍（00632R），國外代表：QLD 二倍作多那斯達克指數 ETF、SQQQ 三倍作空那斯達克指數 ETF。

　　投資原型的 ETF，盡可能不要碰槓桿型或反向型 ETF，除非只是短期看好將大漲，或是看壞將大跌，才可以碰槓桿型或反向型 ETF。

▶ **債券 ETF 要怎麼選？**

投資人不可不知的各種債券 ETF

■ 20 年以上美債 ETF

特色一 **國內天期最長的美國公債 ETF，受惠降息程度最高**

長天期公債存續期間比較長，對於市場利率波動的敏感度較大，於利率下降時，報酬表現優於短天期公債。目前市場掛牌的美債 ETF，將來在美國聯邦銀行開始啟動降息循環時，長天期的美債 ETF 獲取資本利得的幅度相對高，愈長天期的債券會比短天期債券獲利高。

特色二 **信用評等最高最安全**

美國為全球最大的經濟體，其政府發行的公債規模為全球最大。美國政府所發行的公債，信用評等為最高的 AAA，被視為「一定不會倒閉」的債券，視為安全性最高的投資工具。由於美國公債長期被投資人視為避險資產，因此當市場面臨重大風險事件時，資金往往湧入美債避險，可謂資金最佳避風港，具高度對抗風險特質。

特色三 享好息，賺價差

根據過去三次升息循環經驗，無論是暫停升息或降息期間，在 2000 年與 2006 年的降息循環中，長天期美債的報酬率高達 50% 以上，2018 年長天期報酬率也來到 40% 以上。目前 20 年以上美債 ETF 大都採取季配息，投資人不僅可以賺價差還可穩定收息，可為投資人資產配置一環。

此外，在同等級美債 ETF（20 年期）中，中信美國公債 20 年（00795B）與統一美債 20 年（00931B）經保費最低，對於一般散戶投資人更有利，等於用較低的成本買到一樣的美債 ETF；而復華 20 年美債（00768B）存續期間相對長。

表 6-1　不同 20 年美債的經保費率差異

ETF 名稱	經保費率
中信美國公債 20 年（00795B）	0.13%
元大美債 20 年（00679B）	0.16%
國泰 20 年美債（00687B）	0.16%
富邦美債 20 年（00696B）	0.16%
復華 25 年美債（00768B）	0.16%
永豐 20 年美公債（00857B）	0.20%
統一美債 20 年（00931B）	0.13%

資料來源：CMoney，2023 年 08 月

■投資級電信債

以群益投資級電信債（00722B）為例

特色一 **電信業是抗景氣循環產業**

　　電信債在投資等級債裡面屬於相對抗景氣循環的產業，因為無論景氣好壞，一般民眾還是要使用手機講電話或是連線上網，網路已經成為不可取代的生活標配，成為一般民眾重要的生活必備支出。因此對於電信業者而言，每月營收都有穩定的現金流，整體產業具有抗景氣循環的特性。

特色二 **電信債主要投資以歐美主要電信商，信用品質穩定**

　　由於群益投資級電信債（00722B）的投資標的為 15 年期以上的投資等級（BBB- 以上）電信債，主要成分有七成投資美國的三大電信商：AT&T、Verizon、T-Mobile。

　　這三家美國版的電信三雄的投資地位，就像台灣的電信三雄：中華電信、台灣大哥大及遠傳電信，穩穩寡占電信業市場。因為新業者光是訊號服務建置成本就很高，進入障礙高，自然無法與三雄競爭。而其他三成則是投資歐洲各個國家最大的電信商龍頭，相對地位有保障。

表 6-2	群益投資級電信債（00722B）的前十大發行企業

發行人名稱	簡介	前十大發行企業（%）
AT&T Inc	美國最大電信商	35.6
Verizon	美國第二大電信商	24.0
T-Mobile USA Inc.	美國第三大電信商	13.1
Vodafone	英國最大電信商	6.3
Rogers Communications	加拿大最大電信商	5.9
Telefonica	西班牙最大電信商	3.7
America Movil S.A.B.	墨西哥最大電信商	3.3
Bell Canada	加拿大第二大電信商	2.5
Deutsche Telekom	德國最大電信商	2.0
Orange S.A.	法國最大電信商	1.6
前十大總計		98.1

資料日期：2023 年 6 月 30 日

特色三 **電信商搶搭 5G 熱潮營收持續成長**

美國三大龍頭電信商於美國手機通訊市占率達九成，且營收隨使用者用戶增加持續成長。

2021 年美國的 5G 滲透率才 14%，研究機構顯示預估，在 2025 年滲透率可望達 64%、2030 年滲透率達 91%，因此未來在 5G 使用量逐漸增加下，預期未來營收與獲利將享受 5G 熱潮的紅利。

■投資等級債 ETF
以中信高評級公司債（00772B）為例

中信高評級公司債（00772B）投資大型優質公司企業，成分債囊括國際級高信評公司，不僅企業體質優良，且債息配發穩健。

特色一 **優質信評**

指數成分債的信用評級需至少為 A 或 A3。中信高評級公司債（00772B）指數平均信評為 A+，其中 AAA 等級債占比 10.7%，AA 等級債占比 22.7%，A 等級債占比 66%。

圖 6-1　中信高評級公司債（00772B）指數平均信評占比

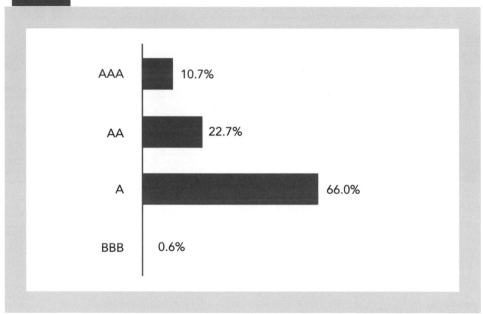

特色二 **產業分散性佳**

　　掌握各產業機會，且各產業權重不得超過 20％，達到產業風險分散的作用。

圖 6-2 **中信高評級公司債（00772B）的產業占比**

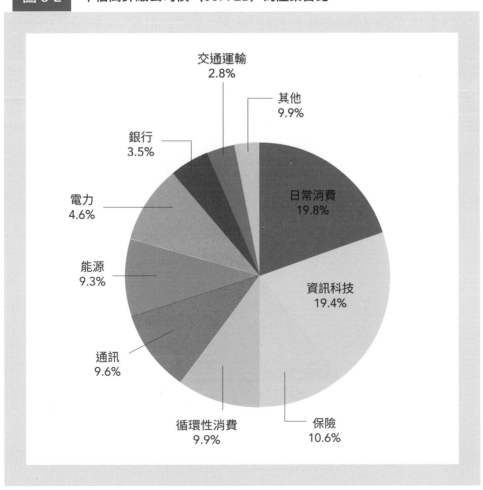

交通運輸
2.8%

其他
9.9%

銀行
3.5%

日常消費
19.8%

電力
4.6%

能源
9.3%

資訊科技
19.4%

通訊
9.6%

保險
10.6%

循環性消費
9.9%

| 表 6-3 | 中信高評級公司債（00772B）的前五大發行企業（%） |

	前五大發行人	信評	比重（%）
1	康卡斯特	A-	5.5%
2	蘋果公司	AA+	5.4%
3	聯合健康集團	A	5.1%
4	亞馬遜公司	AA-	4.1%
5	微軟	AAA	3.6%

特色三 為月月配息債券 ETF

　　中信高評級公司債（00772B）與中信優先金融債（00773B） 是國內唯二採「月月配」機制的債券 ETF，每月領息，方便投資人輕鬆打造現金流，過去一年平均年化配息率約 4.8%，表現亮眼。

表 6-4　中信高評級公司債（00772B）的配息

配息月份	每單位配息（元）	年化配息率	當期含息報酬率
2023/07	0.1300	4.48%	-3.12%
2023/06	0.1300	4.37%	1.77%
2023/05	0.1150	3.92%	1.44%
2023/04	0.1050	3.61%	-1.89%
2023/03	0.1400	4.70%	1.80%
2023/02	0.1500	5.13%	2.53%
2023/01	0.1500	5.16%	-4.59%
2022/12	0.1500	4.96%	-0.73%
2022/11	0.1500	4.89%	5.06%
2022/10	0.1600	5.56%	4.92%
2022/09	0.1530	5.38%	-7.44%
2022/08	0.1500	4.96%	-3.15%

■投資級金融債 ETF

以群益投資級金融債 ETF （00724B）為例

特色一 政府高度監管，安全性高

2008 年次貸金融危機後，政府監管更為趨嚴，巴塞爾銀行監理委員會頒布巴塞爾資本協定三（Basel III），為強化銀行體系穩定性之全球監理架構，包括提升金融機構因應各項風險的合格資本要求、流動性要求等，監管機關審查原則與壓力測試，另頒布「全球系統性重要銀行（G-SIBs）」，要求提列更多資本，強化應對風險的能力，以期降低倒閉機率，增進金融體系的安全與穩健。國際金融業龍頭 2023 年第一季資本適足率均明顯高於法定要求，銀行體質實屬強健。

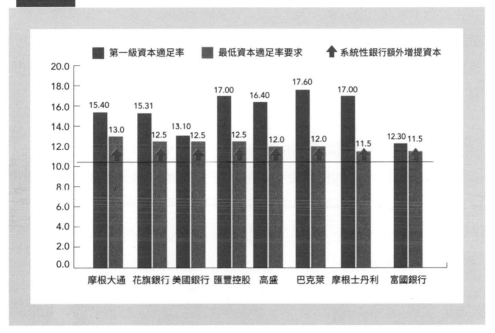

圖 6-3 2023 年第一季資本適足率

資料來源：2023 年第一季財報，國際金融穩定委員會（FSB）

特色二 進入門檻高，具市占優勢

　　金融業受制於各國政府與國際監理機構的規範，實為一種特許行業，進入門檻高，尤以國際知名金融集團，金融服務業務項目多元化，且世界各地均有服務據點，具備市占優勢，新型態或小型金融機構發展極具挑戰。

特色三 國際信評機構給予高信評

　　被政府與國際監理機構嚴格把關的全球金融業龍頭，國際信評機構（Moody's、S&P 與 Fitch）亦給予優異的信評水準。

表 6-5　　群益投資級金融債 ETF （00724B）持債的信評

發行人	平均信評	發行商	平均信評
美國銀行	A1	花旗集團	A3
摩根大通銀行	A1	匯豐控股	A2
富國銀行	A2	摩根士利	A2
高盛集團	A3	巴克萊集團	A3

特色四 升息環境拉抬淨利差，提升銀行獲利能力

受惠於歐美央行升息，有利於銀行存放款利差擴大，推升其淨利差（Net Income Margin），有助於提升銀行整體獲利表現。以前次升息循環（2015 年 12 月 17 日至 2018 年 12 月 20 日）為例，美國銀行業的淨利差隨央行升息而上升，即使 2018 年 12 月最後一次升息隔年開始降息，銀行淨利差仍處於升息循環時的平均水準，如下圖所示；2022 年 3 月美國聯準會連續升息 5%，美國銀行業的淨利差亦同步走揚，提振獲利表現，當前升息循環末段，金融產業前景相形穩定可期。

圖 6-4 **聯準會基準利率與美國銀行業的淨利差**

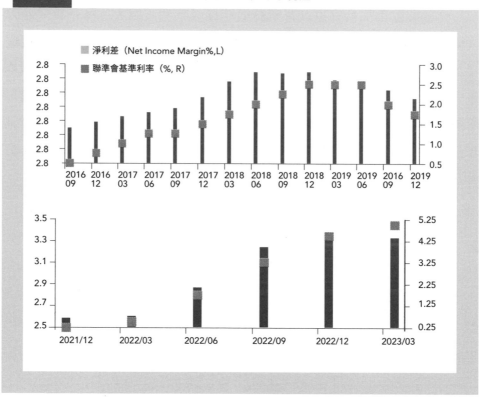

資料來源：Bloomberg，2023 年第一季

Q & A 時間

Q：目前投資金融債或金融股哪個好？目前存金融股不如存金融債？

A：債優於股（債權優先、債息高又穩、波動度低、績效報酬好）

相信投資人對於投資金融股並不陌生，對於有長期理財規劃需求的投資人來說，金融債更是提供優質收益的理財工具。當面臨金融市場波動大，想要抵禦通膨、賺取收益，同時又不想承受太大風險，金融債是非常合適的投資標的。投資人從公司的「股東」變成「債權人」的優勢包括：

債權優先：公司的資金優先保留給債券投資人，債券清償順位優於股權，代表債權人可以優先拿回本金，公司的獲利要優先支付債息才會支付股息。

債息穩定且高於股：金融債發行或買進時，票面利率及殖利率就已決定好，但如果是金融股的股利，則取決於金融機構獲利情況來配發盈餘。

波動度低：從清償順位、獲利分配及過去歷史價格波動的穩定度來說，金融債券的波動程度都低於金融股。

從 2008 年次貸金融危機迄今，全球金融股指數累計報酬 27.11%，年化波動度高達 22.88%；同時期全球金融債券指數累計報酬高達 142.82%，年化波動度卻僅有 10.61%。

不論從今年、過去 5 年或過去 10 年的期間來觀察，金融債的年化波動度均遠比金融股小，累積報酬率幾乎略勝一籌；以夏普指標（報酬風險比）來看，承擔一樣的風險條件下，投資金融債比金融股獲得的報酬更高。以債息／股利率而言，今年以來投資級金融債平均殖利率為 5.57%，高於全球金融股股利率 3.28%，顯而易見，金融債值得投資人作為核心資產的首選並進行中長期布局。

表 6-6 2008 年至 2023 年，投資金融債和金融股之比較

時間	今年至今 2022/12/30 至 2023/7/14		5 年 2018/7/17 至 2023/7/14		10 年 2013/7/15 至 2023/7/14		2008 次貸危機迄今 2008/7/1 至 2023/7/14	
	投資級金融債	金融股	投資級金融債	金融股	投資級金融債	金融股	投資級金融債	金融股
累積報酬率	5.40%	4.03%	8.45%	13.68%	52.12%	47.76%	142.82%	27.11%
年化報酬率	9.85%	7.32%	1.57%	2.49%	4.10%	3.81%	5.81%	1.54%
年化波動度	11.76%	15.54%	12.38%	21.82%	10.26%	17.87%	10.61%	22.88%
夏普指標	0.84%	0.47%	0.13%	0.11%	0.40%	2.21%	0.55%	0.07%
殖利率／股利率	5.57%	3.28%	4.10%	3.11%	4.36%	3.03%	5.16%	3.25%

資料來源：Bloomberg，金融債為 ICE BofA 10 年期以上美元金融債指數，金融股為 MSCI 全球金融股指數，夏普指標為年化報酬率除以年化波動度

優質收息必選，投資級金融債

美國投資等級公司債中，權重最高是金融業，占比達 31%，平均違約率也非常低，根據 S&P 報告，金融債的平均違約率僅 0.57%，低於產業之平均 1.61%。此外，金融債殖利率相對較高，金融債有 5.63%，優於整體投資等級債的 5.47%。

圖 6-5　投資級金融債指數 vs 投資級公司債指數

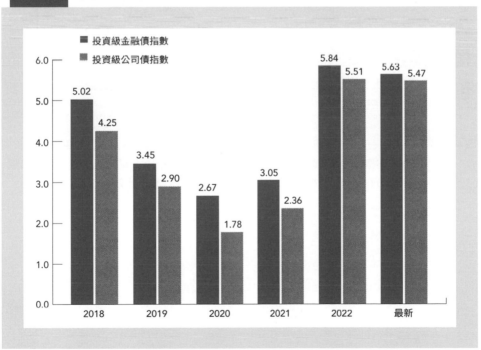

資料來源：Bloomberg，計算期間：2018 年 12 月 31 日至 2023 年 7 月 18 日，投資級公司債指數為 ICE 美銀美林美國公司債指數（C0A0 Index）、投資級金融債為 ICE BofA 10 年期以上美元金融債指數（C9P0 Index）。

統計投資級金融債指數過去 10 年的累積報酬率為 151%，優於投資等級債指數的累積報酬 129%，長期表現相對佳。

圖 6-6　投資級公司債 vs 投資級金融債指數表現

資料來源：Bloomberg，計算期間：2013 年 7 月 18 日至 2023 年 7 月 18 日，係以 ICE 美銀美林美國公司債指數（C0A0 Index）、ICE BofA 10 年期以上美元金融債指數（C9P0 Index）為例，2013 年 7 月 18 日 =100 指數化比較

　　此外，觀察 2018 年美國聯準會最後一次升息進場時布局金融債的績效表現，可以發現接下來 6 個月、1 年與 2 年，均有雙位數的報酬率。

表 6-7　2018 年聯準會最後一次升息進場時布局金融債的績效

2018 年 最後一次升息	前 3 個月	後 6 個月	後 1 年	後 2 年
投資級金融債	0.46%	16.18%	23.85%	29.07%

資料來源：Bloomberg，計算期間：2018 年 9 月 18 日至 2020 年 12 月 18 日

以安全性而言，金融業有政府嚴格監管當靠山，金融業龍頭企業業務經營多元化，具風險分散之效，同時擁有國際信評賦予的優質信用評級標準，產業違約率低且安全性高，提供安穩利息收入；以收益率而言，投資級金融債收益率優於一般高評級公司債，具備相較高息的配發條件；以報酬率波動度角度來看，長期而言，投資級金融債的收益率、報酬／風險比均優於金融股；再從投資價值面來分析，過去升息尾聲進場投資，未來 1 至 2 年報酬可期，目前正值升息尾聲階段，金融債殖利率處於歷史相對高位。

表 6-8　債券 ETF 報酬率比較

股票代號	股票名稱	今年以來報酬 (%)	規模 (億台幣)
00722B	群益投資級電信債	8.10	410
00778B	凱基金融債 20+	7.81	436
00725B	國泰投資級公司債	7.47	783
00724B	群益投資級金融債	7.47	876
00740B	富邦全球投等債	7.35	420
00720B	元大投資級公司債	7.12	708
00792B	群益 A 級公司債	6.84	465
00773B	中信優先金融債	6.78	786
00777B	凱基 AAA 至 A 公司債	6.50	477
00761B	國泰 A 級公司債	6.39	873
00746B	富邦 A 級公司債	6.02	693
00751B	元大 AAA 至 A 公司債	6.00	899
00772B	中信高評級公司債	5.77	1033

資料日期：2023 年 6 月 30 日

PART

02

股債操作策略實戰篇

⑦ ▶ 如何計算債券 ETF 的報酬率

▍報酬率 30 至 50%是可能的嗎？

按照歷史經驗，過去三次升息末段進場買進短期或長期債券，持有至聯邦基金利率降息至最低點，可以發現持有長期債券的資本利得遠高於短期債券。

債市以凌厲姿態上攻，美國長天期公債期間漲幅高達四、五成。目前聯準會升息已至尾聲，未來若進入降息週期，有機會帶給投資人豐厚資本利得，超前達成積極型投資人的報酬目標。

第一次，從 2000 年 5 月 16 日聯邦基金利率 6.5％，直到 2003 年 6 月 25 日降息循環結束，聯邦基金利率來到最低 1％。持有短天期報酬率為 23.93％，長天期報酬率為 50.49％。

第二次，從 2006 年 6 月 29 日聯邦基金利率 5.25％，直到 2008 年 12 月 12 日降息循環結束，聯邦基金利率來到最低 0.25％。持有短天期報酬率為 17.8％，長天期報酬率為 50.56％。

第三次，從 2018 年 12 月 19 日聯邦基金利率 2.5％，直到 2020 年 3

月 16 日降息循環結束，聯邦基金利率來到最低 0.25％。持有短天期報酬率為 6.33％，長天期報酬率為 40.77％。

| 表 7-1 | 過去三次從聯準會升息末段進場持有至利率降息最低點的資本利得 |

時期	2000 年 5 月 16 日至 2003 年 6 月 25 日	2006 年 6 月 29 日至 2008 年 12 月 12 日	2018 年 12 月 19 日至 2020 年 3 月 16 日
聯邦基金利率	6.5%降至 1%	5.25% 降至 0.25%	2.5%降至 0.25%
美國公債漲幅　短天期	23.93%	17.80%	6.33%
長天期	50.49%	50.56%	40.77%

練習題一

下列預估 20 年公債殖利率下降不同幅度，計算進場買進債券持有的報酬率。

如果司馬懿投資中信 20 年公債 ETF（00795B）、中信 10 年以上公司債 ETF（00772B）及中信 10 年以上金融債 ETF（00773B），預估 3 年後的總報酬率為多少？

下列各項債券商品的預估是以存續期間與近約兩年的平均股息報酬率為基礎，可作為投資債券策略的參考。

表 7-2	中信公債 ETF、公司債 ETF 及金融債 ETF 的存續期間		
		公債期限	存續期間
中信 20 年公債 ETF （00795B）		20 年＋	17.3 年
中信 10 年以上公司債 ETF （00772B）		10 年＋	14.2 年
中信 10 年以上金融債 ETF （00773B）		10 年＋	12.8 年

表 7-3　美國公債殖利率一覽表

公債期	3 月	6 月	1 年	2 年	10 年	20 年
2023/07/21	5.50	5.53	5.35	4.82	3.84	4.10
2023/07/20	5.49	5.52	5.35	4.80	3.85	4.10
2023/07/19	5.49	5.51	5.32	4.74	3.75	4.01
2023/07/18	5.49	5.51	5.32	4.74	3.80	4.08
2023/07/17	5.49	5.52	5.33	4.74	3.81	4.10
2023/07/14	5.49	5.52	5.34	4.74	3.83	4.11
2023/07/13	5.47	5.49	5.27	4.59	3.76	4.07
2023/07/12	5.47	5.53	5.35	4.72	3.86	4.14
2023/07/11	5.49	5.55	5.44	4.88	3.99	4.22

以投資中信 20 年公債 ETF（00795B）3 年後的總報酬為例

狀況一

投資中信 20 年公債 ETF，當 20 年公債殖利率下跌 1%，也就是從 4.1%（2023 年 7 月 21 日）跌至 3.1%，在 20 年公債存續期間約 17.3 年，預估債券價格將上漲 17.3%。

2022 年中信 20 年公債的平均股息報酬率 3%，2023 年上半年的平均股息報酬率 1.7%。以 2022 年與 2023 年上半年配息作為參考，預估未來 3 年每年平均股息報酬率 3% 應有機會達成。3 年後的總報酬為 26.3%。

表 7-4 投資中信 20 年公債 ETF（00795B）3 年後的總報酬

	報酬率（%）
殖利率下跌 1% 的資本利得	17.3%（17.3%× 1 年）
3 年的平均股息報酬率	9%（3% × 3 年）
3 年後的總報酬	26.3%

表 7-5　投資中信 20 年公債（00795B）年平均股息報酬率

股利發放年度	現金股利 （元）	年平均股價 （元）	年平均股息 報酬率
2023 年上半年	0.546	32.2	1.7%
2022 年	1.062	35.3	3.01%

狀況二

　　投資中信 20 年公債 ETF，當 20 年公債殖利率下跌 2%，也就是從 4.1%（2023 年 7 月 21 日）跌至 2.1%，在 20 年公債存續期間約 17.3 年，預估債券價格將上漲 34.6%。再加上預估未來 3 年每年平均股息報酬率 3% 應有機會達成。3 年後的總報酬為 43.6%。

表 7-6　投資中信 20 年公債 ETF（00795B）3 年後的總報酬

	報酬率（%）
殖利率下跌 2% 的資本利得	34.6%（17.3% × 2）
3 年的平均股息報酬率	9%（3% × 3 年）
3 年後的總報酬	43.6%

狀況三

　　投資中信 20 年公債 ETF，當 20 年公債殖利率下跌 2.5%，也就是從 4.1%（2023 年 7 月 21 日）跌至 1.6%，在 20 年公債（00795B）存續期間約 17.3 年，預估債券價格將上漲 43.25%。再加上預估未來 3 年每年平均股息報酬率 3% 應有機會達成。3 年後的總報酬為 52.25%。

表 7-7	投資中信 20 年公債 ETF（00795B）3 年後的總報酬
	報酬率（%）
殖利率下跌 2.5% 的資本利得	43.25%（17.3% × 2.5）
3 年的平均股息報酬率	9%（3% × 3 年）
3 年後的總報酬	52.25%

　　美國 20 年公債殖利率在 2020 年 2 月至 2021 年 1 月皆維持在 1.6% 以下，2020 年 3 月最低來到 0.87%。這也代表美國 20 年公債殖利率來到 1.5% 以下也是相當有機會。

圖 7-1 美國 20 年公債殖利率走勢圖

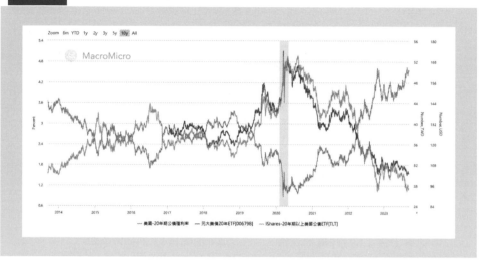

以投資中信 10 年以上公司債 ETF （00772B） 3 年後的總報酬為例

狀況一

投資中信 10 年以上公司債 ETF，當殖利率下跌 1%，在存續期間約 14.2 年，預估債券價格將上漲 14.2%。

2022 年中信 10 年以上公司債 ETF 的平均股息報酬率 4.4%，2023 年 1 至 7 月的平均股息報酬率 2.66%。以 2022 年與 2023 年 1 至 7 月年配息作為參考，預估未來 3 年每年平均股息報酬率 4.4% 應有機會達成。3 年後的總報酬為 27.4%。

表 7-8　　投資中信 10 年以上公司債 ETF （00772B）3 年後的總報酬

	報酬率
殖利率下跌 1%的資本利得	14.2% （14.2% × 3 年）
3 年的平均股息報酬率	13.2% （4.4% × 3 年）
3 年後的總報酬	27.4%

表 7-9　　投資中信 10 年以上公司債 ETF （00772B）年平均股息報酬率

股利發放年度	現金股利（元）	年平均股價（元）	年平均股息報酬率
2023 年 1 至 7 月	0.94	35.3	2.66%
2022 年	1.635	37.2	4.4%

狀況二

投資中信 10 年以上公司債 ETF，當殖利率下跌 2%，在存續期間約 14.2 年，預估債券價格將上漲 28.4%。再加上預估未來 3 年每年平均股息報酬率 4.4% 應有機會達成。3 年後的總報酬為 41.6%。

表 7-10　投資中信 10 年以上公司債 ETF （00772B）3 年後的總報酬

	報酬率
殖利率下跌 2% 的資本利得	28.4%（14.2% × 2）
3 年的平均股息報酬率	13.2%（4.4% × 3 年）
3 年後的總報酬	41.6%

狀況三

投資中信 10 年以上公司債 ETF，當殖利率下跌 2.5%，在存續期間約 14.2 年，預估債券價格將上漲 35.5%。再加上預估未來 3 年每年平均股息報酬率 4.4% 應有機會達成。3 年後的總報酬為 48.7%。

表 7-11　投資中信 10 年以上公司債 ETF （00772B）3 年後的總報酬

	報酬率
殖利率下跌 2.5% 的資本利得	35.5%（14.2% × 2.5）
3 年的平均股息報酬率	13.2%（4.4% × 3 年）
3 年後的總報酬	48.7%

以投資中信 10 年以上金融債 ETF （00773B） 3 年後的總報酬為例

狀況一

投資中信 10 年以上金融債 ETF，當殖利率下跌 1%，在存續期間約 12.8 年，預估債券價格將上漲 12.8%。

2022 年中信 10 年以上公司債 ETF 的平均股息報酬率 4.51%，2023 年 1 至 7 月的平均股息報酬率 2.89 %。以 2022 年與 2023 年 1 至 7 月年配息作為參考，預估未來 3 年每年平均股息報酬率 4.51%應有機會達成。3 年後的總報酬為 26.33%。

表 7-12 投資中信 10 年以上金融債 ETF （00773B） 3 年後的總報酬

	報酬率
殖利率下跌 1%的資本利得	12.8%（12.8% × 1）
3 年均股息報酬率	13.53%（4.51% × 3 年）
3 年後的總報酬	26.33%

表 7-13 投資中信 10 年以上金融債 ETF （00773B） 年平均股息報酬率

股利 發放年度	現金股利 （元）	年平均股價 （元）	年平均股息 報酬率
2023 年 1 至 7 月	1.025	35.5	2.89%
2022 年	1.683	37.3	4.51%

狀況二

投資中信 10 年以上公司債 ETF，當殖利率下跌 2%，在存續期間約 12.8 年，預估債券價格將上漲 25.6%。再加上預估未來 3 年每年平均股息報酬率 4.51%應有機會達成。3 年後的總報酬為 39.13%。

表 7-14　投資中信 10 年以上金融債 ETF（00773B）3 年後的總報酬

	報酬率
殖利率下跌 2%的資本利得	25.6%（12.8% × 2）
3 年的年均股息報酬率	13.53%（4.51% × 3 年）
3 年後的總報酬	39.13%

狀況三

投資中信 10 年以上公司債 ETF，當殖利率下跌 2.5%，在存續期間約 12.8 年，預估債券價格將上漲 32%。再加上預估未來 3 年每年平均股息報酬率 4.4%應有機會達成。3 年後的總報酬為 45.53%。

表 7-15　投資中信 10 年以上金融債 ETF（00773B）3 年後的總報酬

	報酬率
殖利率下跌 2.5%的資本利得	32%（12.8% × 2.5）
3 年的年均股息報酬率	13.53%（4.51% × 3 年）
3 年後的總報酬	45.53%

練習題二

　　如果司馬懿投資群益 25 年以上美債 ETF（00764B）、群益 15 年以上投資級電信債 ETF（00722B）及群益 10 年以上投資級金融債 ETF（00724B），預估 3 年後的總報酬率為多少？

　　同樣，下列各項債券商品的預估是以存續期間與近約 2 年的平均股息報酬率為基礎，可作為投資債券策略的參考。

表 7-16　**群益公債 ETF、公司債 ETF 及金融債 ETF 的存續期間**

	公債期限	存續期間
群益 25 年以上美債 ETF（00764B）	25 年＋	18.1 年
群益 15 年以上投資級電信債 ETF（00722B）	15 年＋	14.2 年
群益 10 年以上投資級金融債 ETF（00724B）	10 年＋	11.8 年

以投資群益 25 年以上美債 ETF（00764B）3 年後的總報酬為例

狀況一

① 群益 25 年以上美債 ETF，當 20 年公債殖利率下跌 1%，也就是從 4.1%（2023 年 7 月 21 日）跌至 3.1%，在 20 年公債（00795B）存續期間約 18.1 年，預估債券價格將上漲 18.1%。

② 2022 年群益 25 年以上美債 ETF 的平均股息報酬率 2.53%，2023 年上半年的平均股息報酬率 1.63%。以 2022 年與 2023 年上半年配息作為參考，預估未來 3 年每年平均股息報酬率 3% 應有機會達成。3 年後的總報酬為 25.69%。

表 7-17　投資群益 25 年以上美債 ETF（00764B）3 年後的總報酬

	報酬率
殖利率下跌 1% 的資本利得	18.1%（18.1% × 1 年）
3 年的平均股息報酬率	7.59%（2.53% × 3 年）
3 年後的總報酬	25.69%

表 7-18　投資群益 25 年以上美債 ETF（00764B）年平均股息報酬率

股利發放年度	現金股利（元）	年平均股價（元）	年平均股息報酬率
2023 年上半年	0.541	33.1	1.63%
2022 年	0.927	36.6	2.53%

狀況二

　　投資群益 25 年以上美債 ETF（00764B），當 20 年公債殖利率下跌 2%，也就是從 4.1% 跌至 2.1%，在 20 年公債（00795B）存續期間約 18.1 年，預估債券價格將上漲 36.2%。再加上預估未來 3 年每年平均股息報酬率 3% 應有機會達成。3 年後的總報酬為 43.79%。

表 7-19　投資群益 25 年以上美債 ETF（00764B）3 年後的總報酬

	報酬率
殖利率下跌 2% 的資本利得	36.2%（18.1% × 2）
3 年平均股息報酬率	7.59%（2.53% × 3 年）
3 年後的總報酬	43.79%

投資群益 25 年以上美債 ETF，當 20 年公債殖利率下跌 2.5%，也就是從 4.1%（2023 年 7 月 21 日）跌至 1.6%，在 20 年公債（00795B）存續期間約 18.1 年，預估債券價格將上漲 45.25%。再加上預估未來 3 年每年平均股息報酬率 2.53% 應有機會達成。3 年後的總報酬為 52.84%。

表 7-20 投資群益 25 年以上美債 ETF（00764B）3 年後的總報酬

	報酬率
殖利率下跌 2.5% 的資本利得	45.25%（18.1% × 2.5）
3 年均股息報酬率	7.59%（2.53% × 3 年）
3 年後的總報酬	52.84%

以投資群益 15 年以上投資級電信債 ETF （00722B） 3 年後總報酬為例

狀況一

投資群益 15 年以上投資級電信債 ETF，當殖利率下跌 1%，在存續期間約 14.2 年，預估債券價格將上漲 14.2%。

2022 年投資群益 15 年以上投資級電信債 ETF 的平均股息報酬率 4.34%，2023 年前三季的平均股息報酬率 3.98%。以 2022 年與 2023 年前三季年配息作為參考，預估未來 3 年每年平均股息報酬率 4.34%應有機會達成。3 年後的總報酬為 27.22%。

表 7-21 **投資群益 15 年以上投資級電信債 ETF（00722B）3 年後的總報酬**

	報酬率
殖利率下跌 1%的資本利得	14.2%（14.2% × 1）
3 年的平均股息報酬率	13.02%（4.34% × 3 年）
3 年後的總報酬	27.22%

| 表 7-22 | 投資群益 15 年以上投資級電信債 ETF（00722B）年平均股息報酬率 |

股利發放年度	現金股利（元）	年平均股價（元）	年平均股息報酬率
2023 年前三季	1.488	37.3	3.98%
2022 年	1.713	39.5	4.34%

狀況二

投資群益 15 年以上投資級電信債 ETF，當殖利率下跌 2%，在存續期間約 14.2 年，預估債券價格將上漲 28.4%。再加上預估未來 3 年每年平均股息報酬率 4.34% 應有機會達成。3 年後的總報酬為 41.42%。

| 表 7-23 | 投資群益 15 年以上投資級電信債 ETF （00722B）3 年後的總報酬 |

	報酬率
殖利率下跌 2% 的資本利得	28.4%（14.2% × 2）
3 年的平均股息報酬率	13.02%（4.34% × 3 年）
3 年後的總報酬	41.42%

狀況三

投資群益 15 年以上投資級電信債 ETF，當殖利率下跌 2.5%，在存續期間約 14.2 年，預估債券價格將上漲 35.5%。預估未來 3 年每年平均股息報酬率 4.34% 應有機會達成。3 年後的總報酬為 48.52%。

表 7-24	投資群益 15 年以上投資級電信債 ETF（00722B）3 年後的總報酬

	報酬率
殖利率下跌 2.5% 的資本利得	35.5%（14.2%×2.5）
3 年均股息報酬率	13.02%（4.34%×3 年）
3 年後的總報酬	48.52%

以投資群益 10 年以上投資級金融債 ETF（00724B）3 年後的總報酬為例

狀況一

投資群益 10 年以上投資級金融債 ETF，當殖利率下跌 1%，在存續期間約 11.8 年，預估債券價格將上漲 11.8%。

2022 年群益 10 年以上投資級金融債 ETF 的平均股息報酬率 4.5%，2023 年 1 至 7 月的平均股息報酬率 2.9%。以 2022 年與 2023 年 1 至 7 月配息作為參考，預估未來 3 年每年平均股息報酬率 4.5% 應有機會達成。3 年後的總報酬為 25.3%。

表 7-25　**投資群益 10 年以上投資級金融債 ETF（00724B）3 年後的總報酬**

	報酬率
殖利率下跌 1% 的資本利得	11.8%（11.8% × 1）
3 年均股息報酬率	13.5%（4.5% × 3 年）
3 年後的總報酬	25.3%

表 7-26　**投資群益 10 年以上投資級金融債 ETF（00724B）年平均股息報酬率**

股利發放年度	現金股利（元）	年平均股價（元）	年平均股息報酬率
2023 年 1 至 7 月	1.294	33.2	2.9%
2022 年	1.565	34.8	4.5%

狀況二

　　投資群益 10 年以上投資級金融債 ETF，當殖利率下跌 2%，在存續期間約 11.8 年，預估債券價格將上漲 23.6%。再加上預估未來 3 年每年平均股息報酬率 4.5% 應有機會達成。3 年後的總報酬為 37.1%。

表 7-27	投資群益 10 年以上投資級金融債 ETF（00724B）3 年後的總報酬
	報酬率
殖利率下跌 2% 的資本利得	23.6%（11.8% × 2）
3 年均股息報酬率	13.5%（4.5% × 3 年）
3 年後的總報酬	37.1%

狀況三

　　投資群益 10 年以上投資級金融債 ETF，當殖利率下跌 2.5%，在存續期間約 11.8 年，預估債券價格將上漲 29.5%。再加上預估未來 3 年每年平均股息報酬率 4.5% 應有機會達成。3 年後的總報酬為 43%。

表 7-28	投資群益 10 年以上投資等級金融債 ETF（00724B）3 年後的總報酬
	報酬率
殖利率下跌 2.5% 的資本利得	29.5%
3 年的平均股息報酬率	13.5%（4.5% × 3 年）
3 年後的總報酬	43%

8 ▶ 股債配置：
避險與獲利

▍股市亂流時的最佳策略

　　2008 年之後市場資金多寡是由「量化寬鬆貨幣政策」所放出來的資金決定。其中又以 2020 年的無限 QE 規模最大，聯準會總資產從 2008 年約 9 千億美元增加至 2022 年的 9 兆美元，也就是說，2022 年美國聯準會注入大水缸資金池有 9 兆美元，再加上歐洲央行、英國央行及日本央行等主要經濟體的 QE 也持續將大量資金注入資金池，雖然這些資金會因通膨部分收回，大部分的資金仍將停留在金融市場上，所謂「覆水難收」正是如此。

　　如果美國聯準會、歐洲央行、英國央行及日本央行等主要經濟體大幅收回實施 QE 所釋出的資金，將造成全球股市崩盤，經濟大幅衰退。在 QE 所釋出的資金不可能大量被收回的背景下，美股四大指數與台股指數的底部將被墊高。未來台股指數要跌破萬點的機率愈來愈低，甚至台股指數 12,000 點以下也不易看到。

　　美國聯準會啟動升息也告一段落，明年將有機會開始啟動降息循環，

美股與台股可以期待再創新高。這期間難免將遇到股市亂流，也就是短期回檔修正，投資人可以觀察「外資在期貨未平倉口數的多空口數」，並增減投資金額避險。

「股票市場唯一不變的就是瞬息萬變」，萬一遇到美國經濟衰退，股市大跌，聯準會勢必大幅降息，目前美國聯邦基金利率恰逢在 5% 以上的高點，若降息幅度大，將有利於債券價格大幅度上揚，此時，只要投資人的股債投資比率配置得宜，股市造成損失，將可以從債券的獲利補回，達到最好的避險。

台股指數在天空航行中，遇到小亂流，可以觀察外資在期貨的多空單來趨吉避凶。

台股指數在天空航行中，遇到大亂流，可以建立債券 ETF 部位避險。

▍短期避險＞＞＞觀察外資在台指期貨未平倉量

要探討台股現貨與期貨之前，先要對這兩個市場有基本了解。

什麼是現貨交易和期貨交易

司馬懿買了一塊 30 元的麵包，在司馬懿付給麵包店老闆 30 元的同時，老闆給司馬懿一塊麵包，這樣一手交錢一手交貨的動作，稱為「交割」。

實務上，當買賣契約成立後，在兩個營業日以內交割的交易就稱為「現貨交易」，例如司馬懿於 7 月 8 日（星期三）以 30 萬元買進一張台積電的股票，交割日期只要在 7 月 10 日（星期五）之前，都稱為現貨交易。若超過兩個營業日交割，且商品又具有規格化，就稱為「期貨」。

假如個股期貨成交後，交割日訂在每個月第三個星期三，那麼交割時間便不受「兩個營業日」的限制。而所謂規格化，以個股期貨來說，買一口就是買兩張股票，買二口就是買四張股票，其規格化就是以一口（兩張股票）為單位，不像現貨可以買一張或三張股票。

什麼是「未平倉量」呢？就是市場上未沖銷掉之多頭或空頭部位的單邊數量。

舉例來說，若市場上只有 A、B 兩位交易人，A 買入一口台指期貨（持有多單部位），B 賣出一口台指期貨（持有空單部位），則此時市場上之未平倉量為一口，而非二口。因此：

多單未平倉量＝空單未平倉量＝總未平倉量

外資在台股期貨的操作策略

外資在台股現貨與期貨的操作策略，往往以現貨作為操作工具，但真正的勝負取決於期貨。外資在期現貨的操作策略如下：

狀況一

當台股指數在相對低檔時，外資往往會在現貨持續賣出股票，在期貨站在買方布局多單。

當外資判斷台股將有機會展開波段行情時，外資會在現貨將開始買進股票，此時台股指數還是在相對低點的位置，外資在期貨將持續布局多單部位，在期貨持續增加淨多單，在現貨持續買超現貨，拉抬台股指數，達到大幅度獲利的目的。

狀況二

當台股指數來到相對高檔區時，外資往往在現貨持續買股票，甚至將大幅買超，但卻在期貨站在賣方布局空單。

當外資判斷台股將有波段大跌時，一般而言，外資大幅買超現貨，並持續發布利多消息，吸引散戶瘋狂進場買進。此時台股指數或股價持續上演噴出行情，外資就開始在期貨由買轉賣，最後將轉成淨空單，且淨空往往在達到 20,000 口以上時，外資才開始大幅度摜壓台股指數，達到大幅度獲利的目的。

表 8-1	2023 年 7 月 21 日至 2023 年 7 月 27 日台指期未平倉口數			
日期	外資	投信	自營商	收盤
2023/07/27	2,194	881	-5,164	17,221
2023/07/26	1,619	668	-6,312	17,102
2023/07/25	4,933	1079	-6,871	17,180
2023/07/24	4,280	479	-7,490	16,981
2023/07/21	535	509	-7,213	16,944

　　從表 8-1 可知，2023 年 7 月 27 日外資在期貨淨多單為 2,194 口，並沒有出現狀況二，外資在期貨站在賣方布局空單的現象，所以短期現貨不容易大跌。

　　因此，觀察期貨未平倉量的最大目的，就是透過未平倉量數據變化，判斷行情延續的動力，或可能反轉的跡象。投資者必須時常注意外資、投信與證券自營商等三大法人在台指期貨未平倉量的動向，作為研判短期趨勢，特別要觀察外資在台指期貨未平倉量。

| 表 8-2 | 台指期未平倉口數 |

日期	外資	投信	自營商	收盤	附註
2023/06/15	18,280	-2,891	-8,819	17,337	
2023/06/14	15,253	-2,827	-8,413	17,203	
2023/06/13	19,535	-3,457	-8,694	17,220	
2023/06/12	20,648	-3,991	-9,043	16,942	
2023/06/09	20,777	-4,359	-9,508	16,888	
2023/06/08	22,460	-4,402	-9,300	16,719	
2023/06/07	24,000	-3,917	-9,391	16,889	
2023/06/06	23,152	-4,551	-10,819	16,747	
2023/06/05	22,186	-4,265	-10,134	16,681	
2023/06/02	24,360	-4,163	-10,320	16,710	
2023/06/01	24,521	-4,835	-10,782	16,470	
2023/05/31	25,669	-4,967	-11,432	16,489	
2023/05/30	29,078	-5,122	-12,559	16,576	
2023/05/29	28,189	-5,146	-11,487	16,570	
2023/05/26	33,609	-5,597	-13,915	16,435	
2023/05/25	30,168	-6,038	-14,031	16,207	

2023/05/24	28,877	-6,040	-13,167	16,072	
2023/05/23	30,272	-6,030	-13,771	16,133	
2023/05/22	30,815	-6,274	-12,545	16,116	
2023/05/19	31,329	-6,570	-11,829	16,129	
2023/05/18	32,218	-6,514	-10,752	16,070	
2023/05/17	32,289	-6,545	-10,276	15,954	外資增加 7,061 口
2023/05/16	25,228	-6,830	-1,954	15,673	外資增加 13,344 口
2023/05/15	11,884	-6,907	1,875	15,475	外資增加 5,199 口
2023/05/12	6,685	-6,955	4,925	15,502	

外資期貨淨多單 3 萬口意義

從**表** 8-2 可以觀察到 2023 年 5 月 15 日外資在期貨淨多單增加 5,199
口，來到 11,884 口。

2023 年 5 月 16 日外資在期貨淨多單，一口氣增加 13,344 口，來到
25,228 口。

2023 年 5 月 17 日外資在期貨淨多單，增加 7,061 口，達到 32,289
口。

從 2023 年 5 月 15 日至 17 日外資在期貨淨多單，從 11,884 口增加至
32,289 口，短短三個營業日增加 20,405 口，這是台股期貨從未遇到的現
象。

5 月 25 日輝達執行長黃仁勳來台，揭曉了外資在期貨不尋常大幅度
布局多單的原因，台股指數也從 5 月 15 日的 15,475 點，大漲至 6 月 15
日盤中波段高點 17,346 點，大漲 1,871 點。

這就是我時常說的：「在股票市場中，為什麼投資人往往是十賭九
輸？主要原因之一，在於資訊不對稱。」但是這樣的資訊不對稱，卻可以
從外資在期貨大幅度布局淨多單觀察發現。

圖 8-1 5 月 17 日外資在期貨淨多單

5 月 17 日外資期貨淨多單
突破 3 萬口

外資期貨淨空單 2 萬口意義

如果外資期貨淨多單 3 萬口，讓台股指數也從 5 月 15 日的 15,475 點，大漲至 6 月 15 日盤中波段高點 17,346 點，大漲 1,871 點。那外資期貨淨空單 2 萬口呢？

可從下表和線圖發現，當外資期貨淨空單來到 2 萬口，將迎來大幅下修。

表 8-3　外資淨空單超過 2 萬口，台股指數的波段跌點

該波段淨空單最高的日期	淨空單口數	台股指數最高點	台股指數最低點	高點至低點修正天數	波段跌幅
2007/07/27	-25,110	9,807	7,987	17	-1,820
2010/01/25	-20,940	8,395	7,080	15	-1,315
2011/02/10	-26,440	9,220	8,070	25	-1,150
2011/08/04	-25,045	8,819	7,148	10	-1,671
2014/10/06	-33,866	9,122	8,501	8	-621
2015/05/14	-22,830	10,014	7,203	82	-2,811

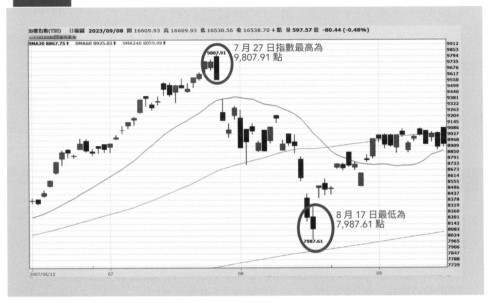

圖 8-2 2007 年 7 月 27 日台股指數 9,807 點下跌至 7,987 點

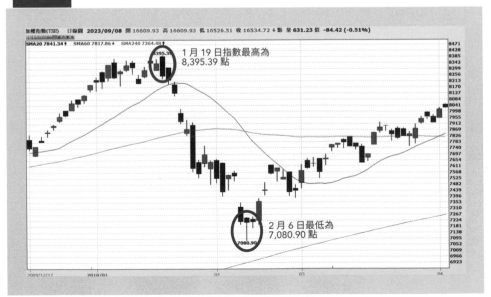

圖 8-3 2010 年 1 月 25 日台股指數 8,395 點下跌至 7,080 點

圖 8-4 　2011 年 2 月 10 日台股指數 9,220 點下跌至 8,070 點

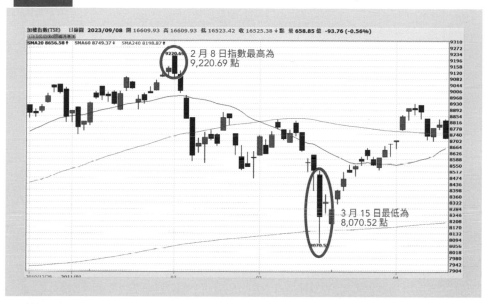

圖 8-5 　2011 年 8 月 4 日台股指數 8,819 點下跌至 7,148 點

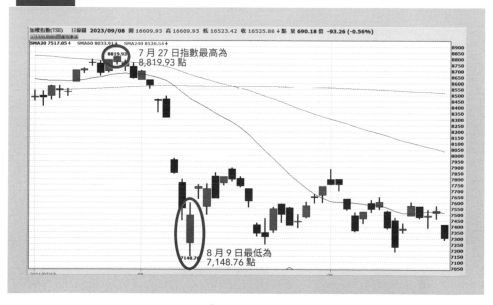

圖 8-6

2014 年 10 月 6 日台股指數 9,122 點下跌至 8,501 點

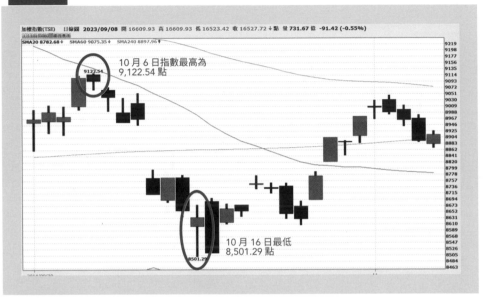

10 月 6 日指數最高為
9,122.54 點

10 月 16 日最低
8,501.29 點

圖 8-7

2015 年 5 月 14 日台股指數 10,014 點下跌至 7,203 點

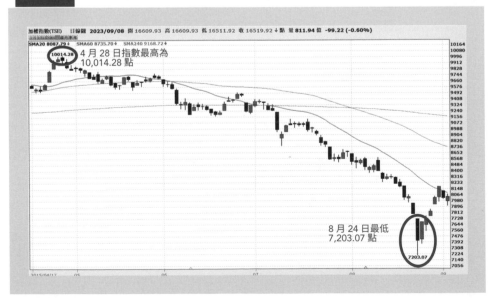

4 月 28 日指數最高為
10,014.28 點

8 月 24 日最低
7,203.07 點

大亂流如何避險？

2000 年 IT 產業泡沫與 2008 年金融海嘯，美股與台股都在美國聯準會開始啟動降息時大跌。這兩次的降息，都告訴投資人，美國聯準會往下調降利率，就代表美國景氣與股市發生結構性的改變，也就是美國景氣與股市發生問題，要往下跌了。所以聯準會第一次降息，代表景氣衰退，投資人應該賣出股票。

2000 年，美國聯準會第一次調降聯邦基金利率 0.5%，從 6.5% 的高點來到 6%。接下來美國聯準會快速降息，將利率從高點 6.5%，調降至 2003 年 6 月的低水位 1%。這段期間，美國經濟景氣持續下滑，美股也從高點反轉重挫。這驗證了「聯準會第一次降息，代表景氣衰退」，投資人應該賣出股票。台股指數也從 2000 年 2 月 19 日波段最高點 10,393 點，大跌至 2001 年 9 月 28 日的 3,411 點，歷經 19 個月的下跌，跌幅高達 6,982 點。

2007 年 9 月美國聯準會第一次調降聯邦基金利率 0.5%，從 5.25% 的高點來到 4.75%。到 2008 年 12 月利率降至 0 到 0.25%，總共降息九次。在這段期間，美國經濟景氣持續下滑，美股也從高點反轉重挫。這也同樣驗證了「聯準會第一次降息，代表景氣衰退」，投資人應該賣出股票。台股指數也從 2007 年 11 月 2 日波段最高點 9,859 點大跌至 2008 年 11 月 21 日的 3,955 點，歷經 12 個月的下跌，跌幅高達 5,904 點。

| 圖 8-8 | 台股指數從波段最高點 10,393 點，大跌至 2001 年 9 月 28 日的 3,411 點 |

| 圖 8-9 | 跟隨聯邦基金利率升降，可用債券避險 |

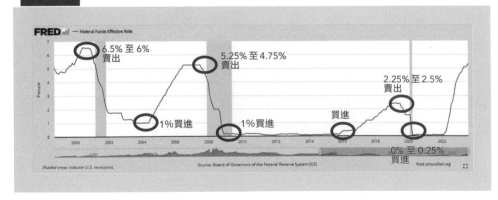

　　2008 年之後美國聯準會首次實施 QE 政策，在這資金簇擁之下，美國四大股市大幅創下歷史新高，台股指數也在 2017 年 5 月之後，大都維持在萬點之上。

　　2020 年 COVID-19 疫情造成全球股市的崩跌，美國聯準會在 2020 年 3 月快速調降 6 碼（150 個基本點），聯邦基金利率來到 0% 至 0.25%，且聯準會史無前例地祭出「無限量 QE」，也就是承諾無限量買進債券，在資金浪潮推升的全球股市中，台股指數在 2022 年 1 月 7 日創下歷史高點 18,619 點。美股與台股卻在美國聯邦基金利率 3 月啟動升息之前就開始大跌，台股指數從 18,619 點跌至 2022 年 10 月 28 日的 12,629 點。

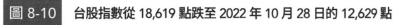

圖 8-10 台股指數從 18,619 點跌至 2022 年 10 月 28 日的 12,629 點

2000 年與 2008 年，美股與台股都在美國聯準會開始啟動降息時大跌，2022 年，美股與台股卻在美國聯準會開始啟動降息之前就大跌，這與 2008 年之後美國聯準會首次實施 QE 政策，與 2020 年史無前例地祭出「無限量 QE」有絕對關係。

2008 年之前，美國聯準會只能啟動聯邦基金利率調整資金池的資金，這只是小資金池。但 2008 年之後美國聯準會實施 QE，造就市場的大資金池，雖然這大資金池也會因美國聯準會將從 2022 年 6 月開始啟動縮表，資金池資金減少，但對整個大資金池的資金影響不大。即使聯準會未來 3 年預計共要縮表約 3 兆美元，但過去聯準會實施 QE 所釋出的 9 兆美元，三年後大資金池至少還留有 6 兆美元。

所謂「縮表」白話來說就是把聯準會過去印出去的鈔票從市場上收回來。市場在寬鬆的資金下，諾貝爾經濟學獎得主克魯曼與前聯準會主席柏南克都認為對抗通膨的代價，美國經濟可能出現放緩、失業率溫和上升，但陷入深度衰退的機率則不大，果真美國經濟是「軟著陸」。

跌破許多經濟學家或是財經專業人員的眼鏡，他們原本預測美國經濟將大衰退，這也改變過去人云亦云，殖利率倒掛就代表經濟將要衰退的思維。

投資人可以思考：

不管美國經濟是「硬著陸」或是「軟著陸」，美國聯準會明年降息的機率相當大，債券價格有機會上漲。

如果美國經濟是「硬著陸」，也就是美國經濟大衰退，美股與台股將大跌，美國聯準會降息速度與幅度將又快又大，有利於債券大漲，此時股

債配置將達到最佳避險效果。

　　如果美國經濟是「軟著陸」，也就是美國經濟只是放緩，美國聯準會將慢慢降息，將有利於大資金池資金的增加，美股與台股將持續走多，也有利於債券上漲，此時股債配置，股債都可獲利。

台股＋美債五五波配置，避險效果顯著

台股經過上半年驚人漲勢，進入高檔震盪。

以統一美債 20 年 ETF（00931B）追蹤指數為例，彭博回測結果顯示，過去二十年間，若投資人用 50％的台股，搭配 50％的美國長天期公債，並於每年年初進行一次資產再平衡。會發現台美股債組合的總報酬率及年化波動度（風險程度），分別達到 244.75％及 10.62％。與只投資台股的總報酬率 249.78％及年化波動度 18.41％（風險程度）結果比起來，總報酬率幾乎沒有差異。

但只投資台股的波動度（風險程度）顯著高於台股＋美債五五波配置，簡單的說，加入債券部位後，風險大幅度降低，股災時最大跌幅也大幅縮小。

重點來了，目前美國聯準即將進入降息循環，正是利用台股＋美債五五波配置避險的最佳時機。

| 表 8-4 | 2003 年 2 月至 2023 年 3 月，50%美國長天期公債＋ 50%台股的報酬與波動度 |

	50%美國長天期公債＋ 50%台股	長天期公債	台股指數
總報酬率	244.75%	94.28%	249.78%
年化報酬率	6.47%	3.42%	6.54%
年化波動度（風險程度）	10.62%	15.14%	18.41%
最大的回檔	-28%	-41%	-58%

資料來源：統一投信

Lesson 9 ▶ 如何 Smart 存股，創造高報酬率

▎AI 與負利率時代的來臨

AI 與負利率時代是未來趨勢，所謂的懶人投資法變得更難以複製。

1939 年，牛津大學病理學教授佛洛里（Howard Florey），發現微生物學家亞歷山大‧弗萊明（Alexander Fleming）有關青黴素的論文後，與德國生化學家錢恩（Ernst Chain）以臨床實驗證明青黴素的療效，並合作開發量產青黴素的方法。

他們獲得的成功，吸引了之後醫界大量的投入各種抗生素的研發，抗生素的發明，是醫學科學領域中的重大轉振點，開啟了醫療的全新時代，人類平均壽命從三百年前的三十多歲大幅提升到七十多歲。如今隨著 AI 科技的到來，藥物開發與治療方法又將往前邁進更高層次。

AI 革命可說是工業革命後，改變世界最大的革命。AI 應用遍及各個層面，機器人工廠、醫療、自駕車、客服、翻譯、生活家電、動畫美工、理財理專……而 AI 醫療更進一步大幅提升人類的健康與平均壽命。

例如：廣達已與三軍總醫院合作推出「AI 心電圖」，一張心電圖能

精準輔助診斷超過五十種疾病。除了可以接受即時心電圖上傳，還能在發現異常時立刻傳遞訊息給醫療端，由輔助醫師在第一時間處理心臟急症。這就是 AI 提升人類的健康與平均壽命的開端。未來人類平均壽命將從現在約八十歲大幅度延長至一百歲，甚至一百二十歲。

在普遍壽命延長的同時，投資人你做好準備了嗎？

過去許多財金專家或投資達人所分享，以時間複利創造未來累積 1,000 萬元或 2,000 萬元作為退休金的存股方式，隨著 AI 來臨，將愈來愈不合乎未來需求。更何況未來也是負利率的時代，簡單說，購買力將持續下降（錢薄了）。

所謂的負利率，簡單說，投資人在銀行存一年定期存款的利率為 2%，但一年後通貨膨脹率卻高達 3%，負利率就是 -1%。

只要是民主國家，就有選舉，如果選舉環境愈自由，政黨候選人間的競爭會越來越激烈，而為爭取選民的支持，候選人會傾向開出較多支票，使得政府負債提高。

如美國自 1960 年來，經歷了 78 次的債務上限調整，近期 2023 年 5 月美國債務上限 31.4 兆美元又往上調整。由於政府舉債持續上升，如果市場利率居高不下，政府需支付龐大利息，因此政府會想盡辦法導引利率往低利率方向。

政府債務負擔提高，將導致財政惡化問題，為了解決這個問題，政府可採取適當的通膨，如此就容易發生負利率的現象。在這樣的狀況下，縱使是公務人員的退休金都很難支應未來的退休生活。

▎什麼是 Smart 存股？

簡單說，投資人除了以時間複利累積財富之外，還要能在不同的投資時間點，建構新的投資組合，靈活的交替運用，以賺取資本利得（價差）。

例如：近期美國聯邦基金利率來到二十二年的高點 5.5％，此時，投資人可以定期定額買進美國 20 年公債 ETF，直到美國 20 年公債殖利率調降至 1.5％時，投資人可以把手中持有的美國 20 年公債 ETF 全部賣出，這樣不但可以賺到每季的配息，也可以賺到資本利得。

當投資人賣掉美國 20 年公債 ETF，可以自己建構金融股 ETF 與電子股 ETF，按比率配置投資金額，如各 50％。金融股 ETF 以時間複利累積財富的思維建構，電子股 ETF 則挑選高殖利率且有一些成長性的個股。

在《40 歲開始子彈存股翻倍賺》一書中曾經談到，高成長往往低殖利率，低成長往往高殖利率，所以投資人可以用低成長、高殖利率的電子股作為存股的標的。為了降低風險，投資人更可以從低成長、高殖利率的電子股中自創高配息的 ETF。下表就是在《40 歲開始子彈存股翻倍賺》書中分享的從電子股中自創高配息的 ETF。

表 9-1	2014 年至 2023 年平均殖利率與股價漲幅

股票	平均 殖利率（%）	2022/10/3 股價	2023/7/31 股價	股價 漲幅	投資 權重
光寶科（2301）	6.54%	64 元	150.5 元	135%	30%
神基（3005）	5.72%	38.95 元	67.7 元	73%	15%
廣明（6188）	6.54%	37.8 元	107.5 元	183%	15%
精技（2414）	6.77%	29.25 元	34.7 元	18%	10%
威健（3033）	7.40%	25.7 元	34.55 元	34%	10%
艾訊（3088）	6.31%	53 元	110.5 元	108%	10%
至上（8112）	7.57%	33.15 元	48.3 元	45.70%	10%

預估金融股的殖利率對應股價——
創造更大的複利效果

投資人可以在每年第一季以後預估金融股的每股盈餘及明年的配息金額，之前一直強調在算金融股的殖利率時，不是要算現金殖利率，應該算總殖利率。為了方便及較為保守的預估，所以在預估金融股股利時，以現金股利作為計算基礎，算出明年的配息金額與預估殖利率及對應的股價。投資人可以明年殖利率相對高的金融股作為存股或是換股的標的。

 債 | 券 | 隨 | 堂 | 考

2023 年元大金（2885）前七個月每股盈餘 1.53 元，前七個月平均每個月每股盈餘約 0.218（1.53 元 ÷7 個月），可預估 2023 年全年每股盈約 2.62 元（0.218 元 ×12 個月）。

2022 年股票配息率為 62.72%，預估明年配息約 1.65 元＝

預估每股盈餘 2.62 元 × 平均股票配息率約 62.72%。

股票配息率也可以使用過去三年，例如 2022 年、2021 年與 2020 年股票配息率分別為 62.7%、60.3% 與 60%，平均股票配息率約 61%。

當投資人設定殖利率分別為 5%、6% 及 7% 以上時，分別可以計算出買進的價格：

以元大金為例

狀況一

殖利率為 5%→ 1.65 元 ÷5%＝ 32.9 元

投資人如設定殖利率為 5%以上，只要股價在 32.9 元以下都可買進。

狀況二

殖利率為 6%→ 1.65 元 ÷6%＝ 27.4 元

投資人如設定利率為 6%以上，只要股價在 27.4 元以下都可買進。

狀況三

殖利率為 7%→ 1.65 元 ÷7%＝ 23.5 元

投資人如設定殖利率為 7%以上，只要股價在 23.5 元以下都可買進。

投資人可以依照下列金融股殖利率對應的價格，找出明年與估殖利率 7%以上作投資或換股，以 8 月 15 日股價對應的殖利率達到 7%以上只有台企銀，其中聯邦銀、元大金及永豐金的預估值利率都有在 6.5%以上，所以台企銀、聯邦銀、元大金及永豐金是較值得投資或換股的金融股。

此外，富邦金、國泰金及新光金發放股利受到資本適足率的影響較大，所以殖利率相對低，適合以賺取資本利得（價差）的角度做投資。

| 表 9-2 | | | | | | | | | 金融股殖利率對應的價格 |

股票	8月15日股價	2023年前7月EPS	2022年盈餘發放率（%）	預估2023年全年EPS	預估2024年配息	殖利率5%對應的股價	殖利率6%對應的股價	殖利率7%對應的股價	8月15日股價對應的殖利率
彰銀	17.2元	0.75元	71.43	1.3元	0.9元	18.4元	15.3元	13.1元	5.34%
京城金	36.45元	2.98元	41.83	5.1元	2.1元	42.7元	35.6元	30.5元	5.86%
台中銀	14.65元	0.71元	68.18	1.2元	0.8元	16.6元	13.8元	11.9元	5.66%
台企銀	13.8元	0.87元	71.21	1.5元	1.1元	21.2元	17.7元	15.2元	7.70%
聯邦銀	14.9元	0.67元	85.54	1.1元	1.0元	19.6元	16.4元	14.0元	6.59%
華南金	21.9元	0.94元	86.15	1.6元	1.4元	27.8元	23.1元	19.8元	6.34%
富邦銀	63.5元	4.19元							
國泰金	45.4元	3.06元							
開發金	12.05元	0.82元	42.74	1.4元	0.6元	12.0元	10.0元	8.6元	4.99%
玉山金	25元	0.84元	87.27	1.4元	1.3元	25.1元	20.9元	18.0元	5.03%
元大金	24.2元	1.53元	62.72	2.6元	1.6元	32.9元	27.4元	23.5元	6.80%
兆豐金	36.6元	1.58元	87.3	2.7元	2.4元	47.3元	39.4元	33.8元	6.46%
台新金	17.9元	0.83元	67.48	1.4元	1.0元	19.2元	16.0元	13.7元	5.36%
新光金	9.29元	-0.05元							
國票金	11.8元	0.38元	88.46	0.7元	0.6元	11.5元	9.6元	8.2元	4.88%
永豐金	17.25元	1.05元	62.5	1.8元	1.1元	22.5元	18.8元	16.1元	6.52%
中信金	23.9元	1.87元	45.79	3.2元	1.5元	29.4元	24.5元	21.0元	6.14%
第一金	26.5元	1.2元	78.95	2.1元	1.6元	32.5元	27.1元	23.2元	6.13%
王道銀	9.19元	0.58元	47.6	1.0元	0.5元	9.5元	7.9元	6.8元	5.15%
合庫金	26.9元	0.83元	86.09	1.4元	1.2元	24.5元	20.4元	17.5元	4.55%

MEMO

因應高利率時代的商品
——可轉債

⑩▶ 認識可轉換公司債

▍攻守兼備的隱藏角色

　　當股市瘋狂時，有多少人想依靠投資達到財富自由，但有這麼容易如願嗎？根據 JP Morgan 報告的統計資料顯示，散戶在 1999 至 2019 年的二十年間平均年化報酬率僅 1.9%，不如通貨膨脹率 2.2%，何況這兩年的通膨更是高得嚇人。

　　投資的「平均」報酬率僅 1.9%，意味著有多少人是低於 1.9%，甚至是賠錢呢！以這種狀況而言，缺乏資源的投資人在市場中是否應該先求減少損失，再求獲利。在此前提下，現今包羅萬象的金融商品中，是否有符合我們所期待的投資目標呢？本章將介紹同時兼俱進攻及防守的商品——可轉換公司債（Convertible Bond）。

　　相信大家都明白，投資沒有所謂的穩賺不賠，報酬的背後必伴隨著風險。當然，每個人的風險承受度都不同，有人可以承受 20% 的損失，要求 20% 的報酬；有人只願意承受 10% 的損失，但要求 20% 的報酬；當然也有人只願意承受 5% 的損失，卻想得到 20% 的報酬。

　　理論上，投資遵循著高報酬、高風險，最後一種人的目標相對難達

成，卻占大多數。不過人性就是如此，因為人在正常情況下，都是風險趨避者。

　　我們歷經 1980 年以來最複雜的金融情勢，美國以最快速地升息，導致債券價格位於歷史相對低點，在這個時點若懂得運用可轉債的優勢，或許真的能讓承受低風險、賺取高報酬的目標不會太遙遠。

┃ 可轉換公司債是什麼？

　　可轉換公司債是公司債的其中一種，為公司籌資方式之一，普通公司債與可轉換公司債的區別，在於前者是企業單純向債權人融資並定期支付利息，而後者多了可將債券轉換成普通股的權利，目前實務上大都為零息，因為可轉換的權利就足以吸引投資者。

　　以公司立場而言，發行可轉換公司債不僅債息為零，公司債發行期間若股價超過轉換價，債券轉為普通股的金額，公司到期時便不用償還，有利財務結構的操作。

　　以投資人的角度而言，最直接享受的是可轉債上漲的資本利得，另一種是將債券轉換成普通股，享有該公司股東的權利。

　　■ 普通公司債：企業向債權人融資並定期支付利息。

　　■ 可轉債：企業向債權人融資並定期支付利息，債權人多一項可將債券轉換成普通股的權利，但目前實務上台灣的可轉債沒有利息。

圖 10-1   可轉換公司債基本概念

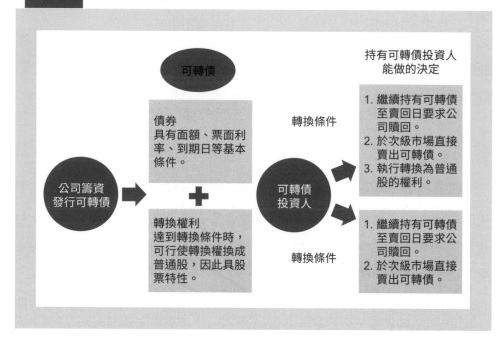

買賣可轉換公司債的方式

　　可轉債的購買方式分為初級市場及次級市場，目前實務上在初級市場又以兩種方式進行。

　　一種是承銷，採詢價圈購，意指承銷商會在市場上探詢有意承購的人，提供相關圈購資料與價格，但這個過程並沒有實際買賣的交易行為發生，之後承銷商可自行決定銷售對象，被銷售對象也可以自行決定是否要認購。

　　另一種方式為競價拍賣，大都為網路電子下單，交易流程與初次上市櫃競價拍賣同一模式。

　　次級市場的部分和一般買賣股票的方式一樣，一般投資人多使用此種方式買賣可轉債。當可轉債標的於櫃買市場掛牌後，即可向證券商委託下單進行交易。

圖 10-2　**買賣可轉換公司債的方式**

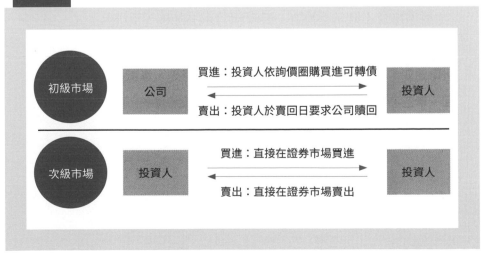

比較股票與可轉換公司債的交易規則

■ 面額

股票發行面額 10 元每張（1000 股）為 1 萬元，而每張可轉債面額為 10 萬元，且可轉債沒有零股的概念。

■ 漲跌幅

台股的股票與可轉債當日漲跌幅同樣是最高 10%。

■ 漲跌單位

股票漲跌單位有 6 個級距：

- 股價小於 10 元，漲跌單位為 0.01 元。
- 股價落在 10 至 50 元，漲跌單位為 0.05 元。
- 股價落在 50 至 100 元，漲跌單位為 0.1 元。
- 股價落在 100 至 500 元，漲跌單位為 0.5 元。
- 股價落在 500 至 1000 元，漲跌單位為 1 元。
- 股價在 1000 元以上，漲跌單位為 5 元。

可轉債漲跌單位只有 3 個級距：

- 股價小於 150 元，漲跌單位為 0.05 元。
- 股價落在 150 至 1000 元，漲跌單位為 1 元。
- 股價在 1000 元以上，漲跌單位為 5 元。

■ 證交稅

　　股票在賣出時需負擔證券交易稅，而買賣可轉債從 2010 年 1 月 1 日至 2026 年 12 月 31 日暫停徵收證券交易稅，目前則是免稅。

表 10-1	股票與可轉換公司債交易規則	

	股票	可轉換公司債
面額（每張）	1 萬元	10 萬元
漲跌幅（%）	最高 10%	最高 10%
漲跌單位（元）	6 個級距	3 個級距
證交稅	有	無

跟著主力走會找到財富

　　剛提到可轉債在初級市場的買進方式是詢價圈購，基本上詢價圈購的對象不會是一般投資人，多半為大戶或專業投資者，必須具有一定的資金，而法律規定董監事及二等親內禁止認購，但詢價時多半會透過管道到關係人或策略夥伴手中。

　　大戶之所以喜愛可轉債，是因為第一手取得的可轉債，基本上已經立於不敗之地，有債券性質的保護下，如果又伴隨公司後續的利多，有機會得到豐厚的利潤。

▍認識可轉換公司債專有名詞

　　當我們要玩一個新遊戲前，首先要了解的就是遊戲規則，相信很多人都有相同的經驗，玩任何遊戲時，最一開始遇到的門檻就是複雜的遊戲規則，往往會想讓人打退堂鼓。

　　但願意嘗試的人，會慢慢在這錯綜複雜的規則間，找尋到遊戲帶來的奧妙，在累積經驗後領悟到勝利方程式，進而享受甜美的果實。相信你們也能在接下來的介紹中一步一步的理解可轉換公司債的基本規則。

1. 可轉債的名稱與代號

　　在搜尋股票名稱的時候，投資人應該經常會發現到除了想尋找的股票之外，有時候搜尋的股票後面會有一個國字數字，那就是我們所稱的可轉債，數字的含義是指該公司發行第幾次的可轉債。

圖 10-3	搜尋晟德（4123）可查詢到掛牌中的晟德可轉債

商品	成交	漲跌	幅度	買進	賣出	單量	總量
晟德	50.30	0.70	1.37%	50.30	50.40	6	2167
晟德四	103.25	0.55	0.52%	103.30	103.95	1	11
晟德五	103.95	0.05	0.04%	103.40	103.95	9	82
晟德六	114.80	0.70	0.60%	114.80	115.00	5	18
晟德七	108.80	0.20	0.18%	108.55	109.00	1	142
晟德期近	50.4	0.8	1.56%	50.4	50.9	1	112
晟德期03	-	-	-	49.15	50.9	-	-

圖片來源：三竹資訊

　　以晟德（4123）為例，晟德發行第一次可轉債的名稱就是晟德一（41231），第二次再發行就會是晟德二（41232），依此類推。

　　可轉債分為無擔保及有擔保，有擔保的可轉債就是發行時有擔保品，通常較無擔保可轉債有價值，但無論有無擔保，發行的次數是沒有分別的累加上去。

　　目前公司發行的可轉債並未強制規定，現有的可轉債必須到期才能再繼續發行。以圖 10-3 中晟德的例子，晟德四尚未到期時，公司仍持續發行晟德五、晟德六、晟德七，因此未到期或未贖回的可轉債都會同時存在。

2. 可轉換公司債的票面金額

可轉換公司債的票面金額為 10 萬元，是未來依票面利率計算債息收入、到期償還本金或依轉換價格，計算每張可轉換公司債，可轉換幾股普通股的計算基準。

3. 可轉換公司債的票面利率

可轉債是債券的一種，因此也具有票面利率，早期發行的可轉債通常利率較高，在有利息可賺的情況下，投資人願意將錢借給公司。

但近年因台灣整體利率偏低，且可轉債本身有抗跌的防禦性，上漲還可以直接賺取價差，再加上普通股股價超過轉換價格時，可轉換成普通股股票，具備這些優勢之下，即便可轉債是零息，投資人也願意將錢借給公司。

公司在不用付利息且不擔心轉換後股本擴張的狀況下，當然更願意發行可轉債，不論公司抑或投資者，雙方可形成雙贏的局面，造就目前實務上大部分可轉債皆以零利率發行。

4. 轉換價格與轉換比例（轉換股數）

轉換比例為每張可轉債可換成多少股的股票，目前國內每張可轉債之面額皆為 10 萬元，故將 10 萬元除以轉換價格即得轉換比例（轉換股數）。

債 l 券 l 隨 l 堂 l 考

亞通（6179）公司於 2023 年 年 7 月 25 日發行可轉債為亞通三
（61793），票面利率為 0%，轉換價格為 37 元，8 月 18 日基本資料如
下表：

表 10-2　亞通三基本資料，最近交易日為 8 月 18 日

表單的頂端 表單的底部							
開盤	104.00	最高價	104.05	最低價	104.00	收盤價	104.00
漲跌	＋0.05	漲跌幅	＋0.05%	成交量	79		
發行面額	100,000	發行總額（千元）	300,000	票面利率	0.00%	發行溢價	106
發行日	2023/07/25	到期日	2026/07/25	上市日	2023/07/25	下市日	2026/07/25
可否轉換	Y	轉換開始日	2023/10/26	轉換終止日	2026/07/25	轉換標的	亞通
轉換價格日	2023/08/18	轉換價格	37.00	轉換價格日	2023/08/18	配股基準日	N/A
付息日		付息次數	0	是否有擔保	N	轉換比例	2,702.70

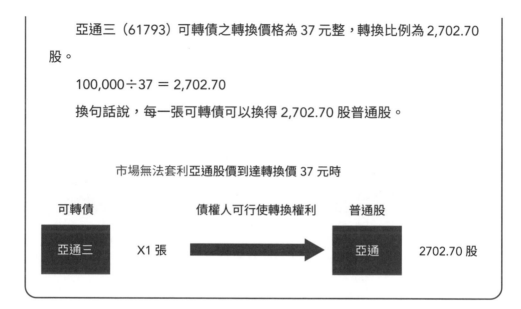

亞通三（61793）可轉債之轉換價格為 37 元整，轉換比例為 2,702.70 股。

100,000÷37 ＝ 2,702.70

換句話說，每一張可轉債可以換得 2,702.70 股普通股。

市場無法套利亞通股價到達轉換價 37 元時

可轉債　　　　　　債權人可行使轉換權利　　　普通股

亞通三　　X1 張　　→　　亞通　　2702.70 股

5. 轉換價格訂定方式

轉換價的訂定非常重要，因為可轉債籌資金額及發行張數是固定的。

如亞通三（61793）可轉債籌資金額是 3 億元，換算張數是 3,000 張，不論轉換價是 10 元或 100 元，公司籌資金額不會變動，都是 3 億元、3,000 張。

若將轉換比例加以參考，轉換比例＝ 100÷ 轉換價格，轉換價格愈低，能轉換成股票的張數就愈多，盈餘被稀釋的狀況就愈嚴重，每股盈餘 EPS ＝稅後淨利 ÷ 流通在外股數，當可轉債轉股換成現股使流通在外股數增加，分母變大，EPS 自然就變小。尤其股本小的公司發行可轉債都轉

換成股票，盈餘被稀釋愈嚴重。

表 10-3　以亞通的轉換價格為例

轉換價格	可轉債發行的張數	轉換比例（轉換股數）	轉換股票張數	股本增加變動	EPS 稀釋
45 元（假設）	3,000 張	2,222 股	6,666 張	小	小
37 元	3,000 張	2,702 股	8,106 張	中	中
30 元（假設）	3,000 張	3,333 股	9,999 張	大	大

債┃券┃隨┃堂┃考

　　轉換價格訂定最重要的是基準日，轉換價的高低必須取決於轉換標的發行可轉債時的股價，因此公司必須決定一個基準日，以便計算轉換價格。

　　基準日（不含）前一、三、五個營業日擇一，計算公司普通股收盤價的平均數為基準價格，再以基準價格乘以 106% 之轉換溢價率。

　　以亞通三基準日 2023 年 7 月 17 日說明：

參考價一

　　前一營業日簡單算術平均數：

　　37.5÷1 = 37.5

參考價二

　　前三營業日簡單算術平均數：

　　（37.5 ＋ 34.15 ＋ 34.45）÷3 = 35.37

參考價三

　　前五營業日簡單算術平均數：

　　（37.5 ＋ 34.15 ＋ 34.45 ＋ 34.35 ＋ 35.85）÷5 = 35.26

　　由公告中得知轉換價格為 37.5 元，因有乘以 106% 之轉換溢價率，所以可得知公司最後選取的是參考價二 35.37 元。

　　37.5（公告轉換價）÷1.06（轉換溢價率）= 35.37（參考價二）

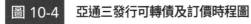

圖 10-4　亞通三發行可轉債及訂價時程圖

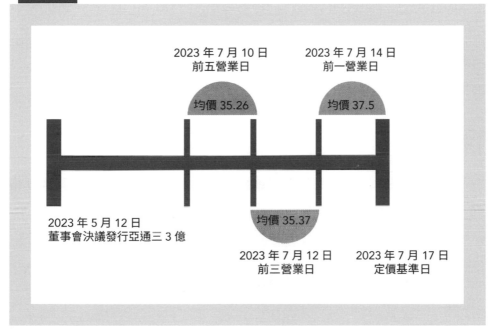

6. 轉換價格重設

　　如果發行公司普通股股價於某特定日期之前一段時間的均價，低於當時的轉換價格，此時可轉債符合轉換價格重設條件，就可以更改轉換價格。

　　新的轉換價格將會對齊到該段時間的均價水準，只是往下重設的幅度，依規定不得低於發行時轉換價格的八成。

　　大部分可轉債的轉換價格重設，是為了因應股票的除息與除權或現金

增（減）資，因為債券持有者不能參與配息，所以可轉債的轉換價格必須隨著除權除息，跟著往下調整。

例如：轉換價格為 50 元，若除息 4 元，假設沒有其他變數之情況下，可轉債的轉換價格應該隨著除息而降低為 46 元（50 － 4），成為發行可轉換公司債新的轉換價格。

計算公式

轉換價格 50 元→除息 4 元（或除權、增減資因素）→重設轉換價格 46 元

 債｜券｜隨｜堂｜考

案例一

亞通（6179）公司於 2023 年 7 月 25 日，發行可轉債為亞通三（61793）轉換價格為 37.5 元， 8 月 10 日除息配發現金股利 0.44 元，可轉債的轉換價格應該隨著除息而降低至 37.06 元（37.5 － 0.44），37.06 元就成為可轉換公司債新的轉換價格。

案例二

世紀鋼（9958）因 8 月 31 日除息配發現金股利 0.5 元，依據世紀鋼五（99585）轉換辦法規定轉換價格應予以調整，故自 2023 年 9 月 6 日起，轉換價格自 146.5 元調整為 146 元。

7. 百元平價

　　一般來說，百元平價若是在 80 至 115 間，較具有投資價值，也就是當可轉債價格與股票市價在一定比例內，可轉債較具獲利機會。

百元平價＝股票市價 ÷ 轉換價格 ×100

 債 ｜ 券 ｜ 隨 ｜ 堂 ｜ 考

2023 年 8 月 18 日亞通三（61793）收盤為 29.2 元。

亞通三可轉債百元平價＝ 29.2÷37×100 ＝ 79

8. 轉換溢（折）價比率

轉換溢（折）價比率＝（可轉債市價－百元平價）÷ 百元平價 ×100%

　　比率大於零時，為溢價率；比率小於零時，為折價率。

　　當折價率高於某個程度時，可能會產生套利空間；當溢價率過高時，可轉債的債券價值會浮現。另一方面，當溢價率低於某個程度時，可能較有投資價值。

債丨券丨隨丨堂丨考

亞通（6179）公司於 2023 年 7 月 25 日發行可轉債為亞通三（61793），票面利率為 0%，轉換價格為 37 元，8 月 7 日可轉債市價為 104.5 元，百元平價為 79 元。

可轉債溢（折）價比率（104.5 － 79）÷79×100% ＝ 32%

圖 10-5 亞通三可轉債的轉換溢（折）價比率

溢價 32%：相當於買貴了 32%

百元平價

市價

2023 年 8 月 7 日亞通三

$79

$104.5

　　一般來說，百元平價若是在 80 至 115 間，可轉換公司債市價折價 20%
內，及溢價 15% 內較具有投資價值。若央行利率調升，導致債券價格受利
率風險因素影響而下跌，整體溢價幅度普遍會較低利率時代來得低。

▎贖回權

　　屬於發行公司的權利，主要目的在降低發行公司的發行成本。當發行
公司的股票市價持續上漲至某一程度（通常為 130%）或是可轉債流通在
外餘額過少（通常是 10%）時，發行公司得行使贖回利率或面額強制贖
回可轉債。此條款的變相意義便是強制投資人執行可轉債內含的價內選擇
權（In the Money），對投資人較為不利。

　　投資人須特別留意，當公司有發出贖回可轉債的訊息時，須在債券收
回基準日前盡快向券商提出轉換申請或是將可轉債賣出。

債｜券｜隨｜堂｜考

　　以中興電二（15132）為例，公司在 2023 年 5 月 3 日宣布要行使贖
回權，贖回基準日為 6 月 26 日，贖回價格為債券面額 100%（100 元）。

　　中興電二於 6 月 26 日的收盤價高達 229 元，若是持有中興電二的投
資人沒有提出轉換或是賣出，公司仍是以 100 元的價格將可轉債贖回，
投資人的損失將會非常大。

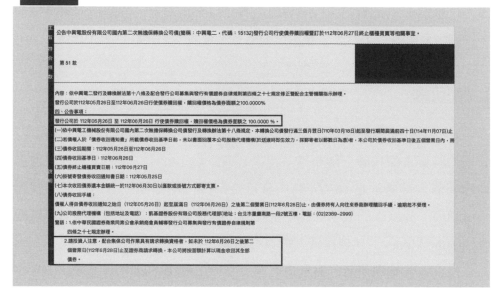

圖 10-6　中興電二（15132）贖回案例

> 公告中興電股份有限公司國內第二次無擔保轉換公司債(簡稱：中興電二，代碼：15132)發行公司行使債券贖回權暨訂於112年06月27日終止櫃檯買賣等相關事宜。
>
> **第 51 款**
>
> 內容：依中興電二發行及轉換辦法第十八條及配合發行公司募集與發行有價證券自律規則第四條之十七規定修正修配合主管機關指示辦理。
> 發行公司於112年05月26日至112年06月26日行使債券贖回權，贖回權價格為債券面額之100.0000%
> 四、公告事項：
> 發行公司於 112年05月26日 至 112年06月26日 行使債券贖回權，贖回權價格為債券面額之 100.0000 % 。
> (一)依中興電工機械股份有限公司國內第二次無擔保轉換公司債發行及轉換辦法第十八條規定，本轉換公司債發行滿三個月翌日(110年03月18日)起至發行期間屆滿前四十日(114年11月07日)止
> (二)若債權人於「債券收回通知書」所載債券收回基準日前，未以書面回覆本公司股務代理機構(於送達時即生效力，採郵寄者以郵戳日為憑)者，本公司於債券收回基準日後五個營業日內，將
> (三)債券收回期間：112年05月26日至112年06月26日
> (四)債券收回基準日：112年06月26日
> (五)債券終止櫃檯買賣日期：112年06月27日
> (六)掛號寄發債券收回通知書日期：112年05月25日
> (七)本次收回價款本金額統一於112年06月30日以匯款或掛號方式郵寄支票。
> (八)債券收回手續：
> 債權人得自債券收回通知書之始日 (112年05月26日) 起至屆滿日 (112年06月26日) 之後第二個營業日(112年6月28日)止，由債券持有人向往來券商辦理贖回手續，逾期恕不受理。
> (九)債券股務代理機構（包括地址及電話)：凱基證券股份有限公司股務代理部(地址：台北市重慶南路一段2號五樓，電話：(02)2389-2999)
> 警語：1.依中華民國證券商業同業公會承銷商會員輔導發行公司募集與發行有價證券自律規則第
> 　　　　四條之十七規定辦理。
> 　　　2.請投資人注意，配合集保公司作業有請求轉換資格者，如未於 112年6月26日之後第二
> 　　　　個營業日(112年6月28日)止至證券商請求轉換。本公司將按面額計以現金收回其全部
> 　　　　債券。

資料來源：公開資訊觀測站

1. 贖回收益率

　　當發行公司決定贖回債券時，在特定期間內，通常會給予投資人債券面額加上利息補償金，該利息以年利率表示，即所謂的贖回收益率。

2. 賣回權

　　為投資人的保障，投資人可在特定期間，將可轉債賣回給發行公司。發行公司會於該特定期間寄發「債券持有人賣回權行使通知書」，投資人

有權選擇賣回給公司並換取現金,或繼續持有該可轉債。

| 圖 10-7 | 亞通三(61793)賣回日及賣回收益率 |

發行面額:100,000元	發行張數:3,000張
發行價格:100.5000元(以佰元價表示。佰元價=發行價格/發行面額*100)	
票面利率:0.000000%	債息基準日:0000
發行時轉(交)換價格:37.5000元	轉換溢價率:106.0000 %
轉(交)換期間:112/10/26~115/07/25	轉換匯率:1
最新轉(交)換價格:37元	最近轉(交)換價格生效日期:112/08/18
債息對照表內容:	
擔保情形:無,第一順位	
還本敘述:到期一次還本	
債券賣回權條件:請參考發行及轉換辦法第十九條	
賣回權收益率:0.5000%	
債券買回權條件:請參考發行及轉換辦法第十八條	
買回權收益率:0.0000%	
下一次賣回權日期:114/07/25	下一次賣回權價格:101.0025%
承銷機構:700T兆豐證券	

資料來源:公開資訊觀測站

可轉債於到期日前可能有多次執行賣回權的機會,以亞通三(61793)為例,下一次賣回權的日期是 2025 年 7 月 25 日,投資人可以選擇以可轉債面額 101.0025%的價格(101 元),賣回給公司或繼續持有該可轉債。

3. 賣回收益率

可轉債的賣回收益率（Yield to Put 簡稱 YTP）計算方式是以掛牌日持有債券面額（100 元）為成本，至下次執行賣回權時的賣回價格賣出之年化收益率。

亞通三（61793）下次賣回權價格為 101.0025 元，自發行日期 2023 年 7 月 25 日至下次賣回日 2025 年 7 月 25 日，期間 2 年，可以算出賣回收益率為 0.5%。

■ 發行日 2023 年 7 月 25 日，持有成本 100 元的可轉債。

■ 賣回日 2025 年 7 月 25 日，執行賣回權用 101.0025 元賣出可轉債。

賣回收益率（年化）

$= [（本利和 ÷ 本金）+（1÷ 年數）- 1] ×100\%$

$= [（101.0025÷100）+（1÷2）- 1] ×100\%$

$= 0.5\%$

但一般投資人不會剛好都以面額買進可轉債，後續將介紹如何用「到期收益率（YTM）」的觀念來計算投資的報酬率。

4. 凍結期

意指可轉債發行後的一段時期內，投資人不得將可轉債轉換為普通股，此段期間即稱為「轉換凍結期」。

在樂陞案之前，可轉債上市只要一個月就可以開始轉換為股票，樂陞案之後為了避免弊端，主管機關把新上市可轉債的停止轉換期從一個月改

為三個月。

　　目前證管會規定凍結期間不得少於三個月，長於六個月。另外，在到期前十日及停止過戶期間（股東會、除權息、現金增資、現金減資、股票變更面額），都不能執行轉換權。

5. 在外流通金額及數量

　　留意在外流通金額及數量的目的，是為了避開選擇到有「流動性風險」的標的。

 債 ｜ 券 ｜ 隨 ｜ 堂 ｜ 考

　　海韻電一（62031）的發行總額為 6 億元，由於一張可轉債面額為 10 萬元，可以推算出海韻電一共發行 6,000 張。

　　當海韻電股價越過轉換價且脫離凍結期時，許多投資人會陸續選擇將海韻電一轉換為現股，圖中 2023 年 8 月 21 日時，流通在外餘額剩 4.54 億，代表有 1,459 張的可轉債已轉換成現股，所以在外流通數量僅剩 4,541 張。

　　發行張數＝發行總額 ÷ 可轉債面額＝ 6 億 ÷10 萬＝ 6,000 張

　　轉換張數＝發行張數－剩餘張數＝ 6,000 － 4,541 ＝ 1,459 張

6. 反稀釋條款

　　當股權比率發生變動時，轉換價格應該要做相對應的調整，如配股配息、增資或減資。轉換價格如果沒有調整，對於買可轉債的投資人，他們是借錢給公司，而非成為股東，因此無法參與公司盈餘分配，股價降低會讓原本持有可轉債的人吃虧，而相對的，若股價上升會使原本持有可轉債的人得利，甚至在市場上有套利的空間存在。

 **轉換價格調整**

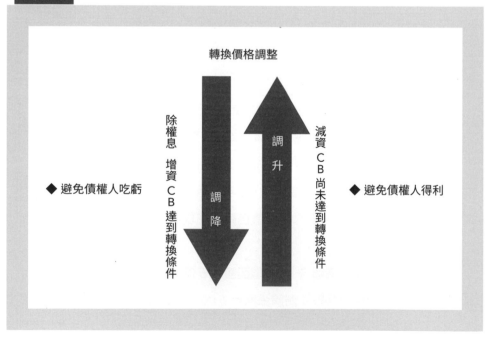

債 | 券 | 隨 | 堂 | 考

為升（2231）在 2023 年 8 月 9 日董事會決議通過配發現金股利 2.3 元、股票股利 0.5 元，並於 2023 年 8 月 18 日公告為升三（22313）因應股利配發，轉換價格應予以調整，由 141.8 元調整至 133 元。

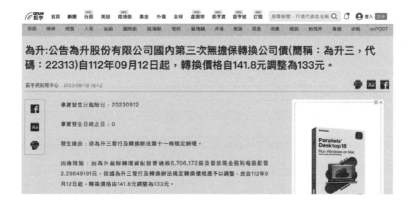

資料來源：鉅亨網

▌可轉債與股票的差異性

在投資領域，選擇適當的投資工具是一門必要的課題。

實際上，我們所做的每個選擇都隱含著機會成本，這種成本在不同情境下呈現不同面貌。例如，時間成本，每個人每天都只有 24 小時，每分每秒的選擇，都代表失去其他的可能性。在投資上也是如此，機會成本體現在我們的投資本金上，每筆投資都象徵著放棄其他潛在投資的機會。

對於多數投資人而言資金是有限的，因此在做決策時，務必仔細權衡各種選項，深入了解不同的投資工具，才能最大程度地提升投資效率。

投資的目的是什麼？

在選擇投入標的前，必須先清楚了解自身想達到的目標是什麼，以避免第一步踏錯後，影響後續的決策。當你看好一檔股票，同時有股期、權證、可轉債、股票皆可作為投資的選擇，你要選哪個？

大多數人都想賺快錢，那麼理應選擇期權類的金融商品，但投資人對期權類的金融商品是否已足夠了解？附帶的槓桿風險是否有辦法承受？若可以的話當然是一種選擇，相較前者風險意識稍微保守的投資人就該選擇股票，其次才是債券。

可轉債雖然是債券卻擁有著不比股票差的賺錢機會，一張表清楚了解可轉債與股票各自的優勢。

表 10-4　可轉債與股票的優勢比較

	可轉債	股票
種類	債券	股權
特色	達條件有轉換權利 👑	無
風險（可轉債溢價時）	較低 👑	較高
風險（可轉債無折溢價時）	相同	相同
資本利得（可轉債溢價時）	較低	較高 👑
資本利得（可轉債無折溢價時）	相同	相同
盈餘分配	調整轉換價	配股配息
股東投票權	無	有 👑
清償順位	高 👑	低
流動性	較低	較高 👑
利息	無（但有賣回收益）👑	無

可轉債優勢——保本抗風險，多頭共收益

可轉債的優勢在於同時兼具「股」與「債」的特性，選對合適的標的將能對抗下跌的風險，並享受上漲的獲利。

2022 年的空頭行情想必令投資人刻骨銘心，台股從 1 月 3 日最高點 18,619 點開始一路下跌至 10 月 24 日最低點 12,629 點，歷經了 10 個月的空頭之後，再度迎來一波多頭行情，可以說是苦盡甘來。但多頭來臨時，口袋還有銀彈嗎？

永遠要記住「留得青山在，不怕沒柴燒」

控制風險是每個投資人時時刻刻都必須注重的課題，投資人往往在股票瘋狂上漲時忽略風險的重要性，不遵守投資紀律，不設定停損點，甚至是使用槓桿，一旦空頭來臨，資金便於頃刻之間化為烏有，當行情再度到來，一切將與你無關！

| 表 10-5 | | 台股自 2022 年高點至今，股票與可轉債的報酬率比較 | | | |

標的	2022/1/3 收盤價	2022/10/24 收盤價	台股空頭區間漲跌幅 (%)	台股多頭區間漲跌幅 (%)	台股 22 年初至今漲跌幅 (%)
加權指數	18,619.61	12,629.48	-32.17	33.63	-9.36
和勤 (1586)	41.85	34.95	-16.49	-8.44	-23.54
和勤三 (15863)	107.60	99.70	-7.34	0.50	-6.88
海韻電 (6203)	86.20	45.60	-47.10	140.13	27.03
海韻電一 (62031)	112.10	94.80	-15.43	38.19	16.86
晶宏 (3141)	256.00	79.70	-68.87	20.45	-62.50
晶宏二 (31412)	124.70	98.00	-21.41	0.31	-21.17
湧德 (3689)	49.20	29.20	-40.65	110.27	24.80
湧德三 (36893)	144.00	108.00	-25.00	91.67	43.75
嘉晶 (3016)	137.50	68.00	-50.55	-5.15	-53.09
嘉晶三 (30163)	246.00	126.50	-48.58	已下櫃	已下櫃

註：空頭區間：2022 年 1 月 3 日至 2022 年 10 月 24 日

多頭區間：2022 年 10 月 24 日至 2023 年 8 月 8 日

2022 年初至今：2022 年 1 月 3 日至 2023 年 8 月 8 日

債┃券┃隨┃堂┃考

以表 10-5 中，晶宏（3141）看出控制風險的重要性：

假設在 2022 年 1 月 3 日買進晶宏 100,000 元，經過十個月至 10 月 24 日時，晶宏下跌 68.87%，本金剩下 31,130 元，共損失 68,870 元，儘管 2022 年 10 月 24 日至今（2023 年 8 月 8 日）上漲了 20.45%，資金卻只成長至 37,496 元，看似漲幅不小，但由於上漲前本金只剩下 31,130 元，所以上漲期間獲利僅 6,366 元，與下跌期間相比差距甚大。

■ 空頭區間：100,000（原始資金）＋ 100,000×（-68.87%）（損失金額）＝ 31,130（剩餘資金）

■ 多頭區間：31,130（剩餘資金）＋ 31,130 × 20.45%（獲利金額）＝ 37,496（最終資金）

由此可見，當風險控管不佳時，本金一旦減損過多（銀彈變少），想要回本就會變得更加困難。

進退皆宜的投資心法

「風險控管」與「資本利得」，魚與熊掌「可以」兼得，真有如此美好嗎？

先觀察看看**表 10-5** 中五檔可轉債，在高點 2022 年 1 月 3 日及低點 2022 年 10 月 24 日的價格變化。

可以發現，除嘉晶三（30163）外，其餘可轉債無論在高點時價格有多高，低點的價格都位於 100 元上下，彷彿 100 元附近有股魔力支撐著股價，原因在於可轉債的本質是債券，公司只要不違約，即使股價跌到 100 元以下，日後也能以賣回價（通常略高於 100 元）賣回給公司，自然而然能達到風險控管的目的。

另一方面，可轉債因包含轉換為股票的權利，當可轉債連結的股票上漲或下跌時，價格都會跟著連動，所以當股市迎向多頭時，自然也能享有資本利得。

表 10-5 中，在空頭區間，四家公司中的和勤（1586）下跌 16.49%、海韻電（6203）下跌 47.10%、晶宏（3141）下跌 68.87%、湧德（3689）下跌 40.65%。

而可轉債部分，和勤三（15863）下跌 7.34%、海韻電一（62031）下跌 15.43%、晶宏二（31412）下跌 21.41%、湧德三（36893）下跌 25%。

可轉債全部跌幅均較股票小，到了多頭區間，所有可轉債也大都隨著股票上揚而上漲，和勤三甚至在股票仍下跌時，逆勢上漲 0.5%。儘管可轉債在溢價時跟漲幅度較小，但具備抗跌優勢的同時，犧牲些許的報酬是可接受的。

愈靠近 100 元愈抗跌，可轉債溢價幅度通常較大

表 10-5 中，嘉晶三（30163）為何與股票跌幅一致？主因是可轉債價格已離債券面額 100 元過遠且無折溢價問題，因此漲跌幅度會一致。

嘉晶三的轉換價格為 54.4 元，2022 年 1 月 3 日嘉晶（3016）的股價是 137.5 元，換算嘉晶三的合理價格是 252 元，幾乎沒有折溢價。

2022 年 10 月 24 日嘉晶的股價是 68 元，換算嘉晶三的合理價格是 125 元，也幾乎沒有折溢價，所以可轉債只有在愈靠近 100 元時，因債券特性，投資人才願意接受較高的溢價幅度，愈能顯現抗跌的威力。

將 110 元 ±10%的可轉債列入觀察名單

簡單來說，投資人必須以保護本金為前提，運用可轉債「股」與「債」的特性，達到「風險控管」與「資本利得」的目標。因此以自身投資風險承受能力作為考量，較保守的投資人可以選擇較接近 100 元的可轉債，雖溢價幅度較高，達到平價前上漲幅度較小，但其抗跌能力較佳；而較積極的投資人可以選擇約 110 元至 120 元的標的，溢價幅度通常較小，可轉債下跌空間有限之外，漲幅會與股票較為相近。

▍投資可轉債的風險

可轉債風險相對股票小，仍要注意債券常見的幾項風險，包含：
利率風險（Interest Rate Risk）、信用風險（Credit Risk）及流動性風險
（Liquidity Risk）。

1. 信用風險（Credit Risk）

萬一投資可轉債的公司出現違約的情形，可能會血本無歸。

話雖如此，即使真的違約，公司在清算時必須優先償還債務，再分配
剩餘財產給股東，所以，可轉債投資人的順位是優於股東的。

過往低利率時期違約率極低，在 2008 年金融海嘯時期僅歌林一家違
約，在此之後，只有七家公司發生違約。因為在金融海嘯以後，市場一直
處於低利率的環境，對於公司融資成本也非常友善。

在 2006 年以前，公司還不盛行發行可轉債，市場利率相較金融海嘯
後的水準還高，從 1990 到 2006 年間僅 574 家公司發行，但有 22 家發生
違約，違約率 3.83%。

目前市場的利率環境要比上述所舉的時期還要艱困，雖經濟仍穩健成
長，主管機關的監管也日益嚴謹，但高利率環境仍須特別謹慎看待個別公
司的信用風險，選擇基本面較為穩健的公司較佳。

2. 流動性風險（Liquidity Risk）

流動性風險是一般投資股票時比較少會注意的問題，這是指想要買進

與賣出時，可能面臨無法成交或價差過大的風險。

避免流動性風險需特別注意市場上平均成交量是否足夠，通常成交量少有三個原因：

① 連結的股票波動度小。

② 發行可轉債籌資額少，所以在外流通的張數本來就會較少。

③連結的股票價格長時間高於轉換價，可轉債轉換股票的張數過多導致流通張數減少。若是最後一種則不需太過擔心價差問題，可直接行使轉換股票權利即可。

3. 利率風險（Interest Rate Risk）

一般來說，可轉債是公司債的一種，又含有股權性質，影響可轉債價格最大的因素仍是公司本身的條件，若利率調整幅度不大，利率對可轉債價格的影響性相對小。

2022 年開始，全球多數央行大幅度地調高利率，此時利率對可轉債價格的影響就需要留意。由於利率變動與債券價格是反向關係，先不論公司基本面好壞，去年可轉債受升息影響，利率風險必定不利於股價的表現，尤其長天期可轉債會相對短天期可轉債表現更差。

相反地，當未來開始降息時，儘管可轉債連結的股票沒有上漲，可轉債股價仍會上漲，因此以目前金融情勢而言，是買進可轉債的好時機。假設其他條件不變，僅利率變動，可從**表 10-6** 中了解其中變化。

| 表 10-6 | 利率變動對可轉債價格變化的概念 |

	升息前價格	升息循環（升 1 碼）	降息前價格	降息循環（降 1 碼）
三年期可轉債	100 元	100 元 → 98 元（下跌 2 元）	98 元	98 元→ 100 元（上漲 2 元）
五年期可轉債	100 元	100 元→ 95 元（下跌 5 元）	95 元	95 元 → 100 元（上漲 5 元）

4. 挑選可轉債優先條件

- 靠近 100 元 ➡ 控制風險（**重要**）

  由於賣回價是接近 100 元，選擇靠近 100 元的可轉債可以藉由債券性質控制風險。

- 溢價率小於 15% ➡ 提升報酬（**重要**）

  溢價太高等於買貴的意思，若可轉債溢價幅度太高，可轉債難有上漲空間。

- 已轉換率小於 50%

  若可轉債轉換為普通股的比例過高，容易出現流動性不足的情形，實際上可依據不同標的成交量做判斷。

- 剩餘天期大於半年

  剩餘天期若過少，普通股股價又尚未達到轉換價時，公司股價短時間內無表現，可轉債價格會漸漸趨向賣回價。

債∣券∣隨∣堂∣考

如何挑選可轉債？以長榮航五（26185）、漢磊四（37074）、世紀鋼五（99585）為例。

代號	股票名稱	可轉債收盤價	轉換價值	轉換溢價率	股票收盤價	轉換價	已轉換	到期／提前賣回日
26185	長榮航五	180.0	180.0	0.00% 👑	33.3	18.5	98.96%	2024/9/1 👑
37074	漢磊四	107.4 👑	63.34	69.50%	75.0	118.4	0.00% 👑	2025/7/19 👑
99585	世紀鋼五	108.7 👑	96.94	12.10% 👑	142.0	146.5	0.00% 👑	2025/4/7 👑

資料來源：投資少數派
資料日期：2023 年 8 月 23 日

若依上述條件來挑選可轉債：

■ 長榮航五價格過高且將要全數轉換完畢

長榮航五的價格距離 100 元有 44% 的跌幅，因此沒有抗跌的優勢存在，且在已轉換率高達 98.96% 的狀況下，除了流動性有問題外，若在符合贖回權的條件下，公司可隨時行使權利以贖回價買回。

■ 漢磊四溢價率過高

　　從溢價率 69.5％來看，漢磊（3707）普通股要先漲 69.5％到 127 元，才符合可轉債目前的價格 107.4 元，若此時買進漢磊四確實買貴了非常多，雖然能夠控制損失，但要有明顯的漲幅還太過遙遠。

■ 世紀鋼五各項條件皆符合

　　此例中，可轉債尚未被轉換外，距離到期日也超過兩年，兩者條件都不錯，溢價方面，世紀鋼（9958）需上漲 12.1％才會到達平價，而抗跌的部分，在公司只要不發生違約的前提下，最差的情況就是損失 8％，以中長期的投資做考量，犧牲 12.1％的報酬率，換取僅 8％的下檔風險是非常值得的，畢竟「風險有限，獲利無窮」，因此，不考慮其他條件，此刻投資世紀鋼五是好選擇。

運用三種獲利模式靈活操作可轉債

運用前述許多關於可轉債的基礎與特色，可以衍生出三種獲利模式：

① 賺股價上漲的資本利得：當可轉債符合轉換條件時，直接於次級
  市場賣出可轉債，或放空普通股的同時將可轉債轉換為普通股鎖
  定獲利。

② 利用市場的不效率：同時買進折價的可轉債，並放空普通股，賺
  兩者之間的價差。

③ 運用可轉債債券的特性：買進股價低於賣回價的可轉債，等到賣
  回日，以賣回價賣回給發行公司。

善用轉換與放空以鎖定獲利

當買進的可轉債順利上漲，投資人準備停利時，一般情況下，直接在
次級市場將可轉債賣出即可，但賣出可轉債時，常因流動性風險導致無法
順利成交。

此時若符合可轉債轉換條件，投資人可以選擇將可轉債轉換成普通
股，並用融券放空現股，再將可轉債轉換完成後，撥下來的普通股償還原
先融券的部位，鎖定獲利。

假如投資人無停利打算，希望持續存股享有股東權利，直接將可轉債
轉換成普通股即可，不需另外融券。

債 丨 券 丨 隨 丨 堂 丨 考

名稱	2023 年 6 月 1 日 收盤價	2023 年 7 月 11 日 收盤價	轉換價	轉換張數
時碩工業二 （45662）	120.00 元	145.00 元	44.1 元	2.26 張

實務上，融券的數量要盡量等於可轉債轉換後的股票張數，避免剩餘太多零股。舉例來說，若投資人在 2023 年 6 月 1 日，以收盤價買進一張時碩工業二（45662），持有至 7 月 11 日，期間可轉債上漲 25 元，此時投資人若要停利有兩個選擇：

■ 直接將可轉債掛單賣出，但此時卻面臨一個問題，7 月 11 日時碩工業二的成交量是 0，因此根本無法用 145 元的價格於市場上賣出，此時就能運用轉換及融券的方式來進行停利。

■ 時碩工業二的轉換比率是 2.26 張，意思是將 1 張時碩工業二轉換後，能取得 2 張及 260 股的時碩工業（4566）。所以此時要放空 2 張的時碩工業（4566）才能鎖定大部分的獲利。

■ 當投資人放空成交的同時，其實已經順利鎖定獲利，轉換期間內時碩工業（4566）的股價有任何波動僅會影響剩下的 260 股零股，因為時碩工業當日的收盤價是 63.8 元，若以收盤價放空成交，表示投資人以 63.8 元賣出股票，而其餘 260 股的零股，轉換完成後再賣出。

6 月 1 日買進 1 張時碩工業二 120 元

7 月 11 日放空（賣出）2 張時碩工業 63.8 元

7 月 20 日賣出 260 股時碩工業 61 元。

獲利金額 ＝（63.8×2,000）＋（61×260）－（120×1000）

　　　　　＝ 23,460 元

報酬率 ＝ 23,460÷120,000×100% ＝ 19.55%

圖 10-9　以時碩工業二（45662）為例

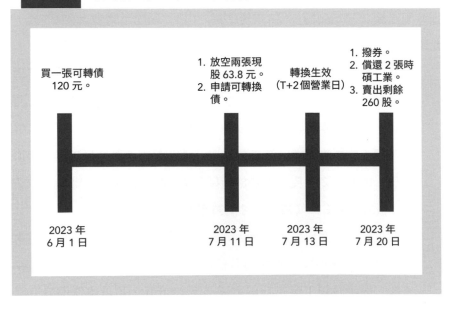

買一張可轉債
120 元。

1. 放空兩張現
　股 63.8 元。
2. 申請可轉換
　債。

轉換生效
（T+2 個營業日）

1. 撥券。
2. 償還 2 張時
　碩工業。
3. 賣出剩餘
　260 股。

2023 年
6 月 1 日

2023 年
7 月 11 日

2023 年
7 月 13 日

2023 年
7 月 20 日

運用可轉債折價進行套利

　　套利指的是同一種商品在兩個不同的市場低買高賣，賺取中間的價差，可以幾乎在無風險的情況下獲利。

　　舉例來說，假設一顆蘋果，在台中市可以賣 10 元，在台北市可以賣 12 元，我們可以在台中市買一顆 10 元的蘋果，運到台北市賣 12 元，賺中間的 2 元價差，不過中間仍有運輸及時間的成本。

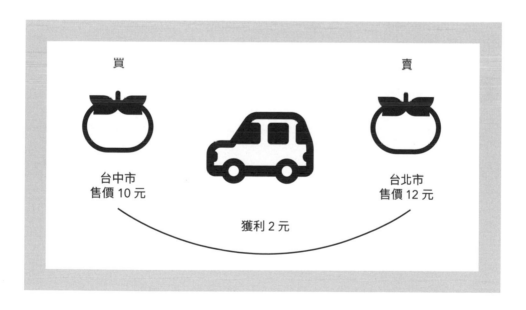

　　可轉債因能夠轉換為普通股，所以同樣具有套利的機會，將折價的可轉債想像成台中市的蘋果，普通股想像為台北市的蘋果，轉換程序是貨車的運輸過程。當普通股股價上漲時，可轉債的轉換價值會提升，假如轉換價值比可轉債價格高，表示可轉債處於折價情況，比普通股還便宜，具有

套利空間。此時我們可以買進便宜的可轉債提出轉換,並同時放空等金額的普通股完成套利。

雖然套利近乎無風險,但因法令與市場的種種限制,容易造成套利無法順利完成,常造成無法套利的原因有:

■ 可轉債流動性不足導致無法成交,常發生於轉換率及價格過高的可轉債。

■ 普通股可能遇到融券強迫回補(股東會、增減資、除權息)與放空限制(沒券可空、平盤下無法放空)等問題。

表 10-7　運用可轉債折價進行套利的限制

代號	股票名稱	轉換溢價率	轉換價	股票收盤價	可轉債收盤價	轉換價值	已轉換	到期／提前賣回日	放空限制
89275	北基五	-7.00	15.6	57	340	365.62	83.45%	2023/12/23	無
47601	勤凱一	-2.80	66.4	69.3	101.45	104.37	89.20%	2025/8/25	無
13411	富林一 KY	-2.40	58.8	67.5	112	114.8	47.20%	2025/5/13	禁止

資料來源:投資少數派
資料日期:2023 年 8 月 24 日

買進可轉債與放空普通股在套利交易中缺一不可。

表 10-7 中可知，北基五（89275）存在 7% 的套利空間，由於可轉債價格高達 340 元，導致大部分已申請轉換。投資人很難在市場上買到折價幅度 7% 的可轉債進行套利。

勤凱一（47601）價格僅 101.45 元，但因可轉債即將到期且大多數已轉換完畢，因此同樣具有流動性不足的問題。

富林一 KY（13411）雖沒有流動性問題，不過富林一 KY 存在禁止放空的限制，所以也無法完成套利。

總而言之，套利交易對一般投資人而言是看得到卻吃不到，近年隨著程式交易的興起，市場會愈來愈有效率，當一般投資人看到套利機會出現時，往往都是存在上述所說的一些限制，因此很難運用此方法實現獲利。

買進低於賣回價的可轉債，用耐心等待獲利

當公司發行的可轉債到期前，有數次的提前賣回日，投資人選擇將可轉債賣回給公司時，公司必須以賣回價償還向投資人借的錢，假如公司沒有違約，利用此種方式投資可轉債能夠創造近乎百分之百的勝率，投資人只需耐心等待，便可以輕鬆獲利。

可轉債操作流程：

買進低於賣回價的可轉債 ➡ 等待至賣回日 ➡ 以賣回價賣回給公司

投資報酬率計算方式

前面提到賣回收益率，是用債券面額（100 元）為持有成本計算的報酬率，因可轉債掛牌交易後，每日股價會有變化，通常買進的成本不會剛好是 100 元，因此投資人若以賣回價賣出時的報酬率不是說明書裡面的賣回收益率，要以到期收益率（YTM）計算。

目前台灣可轉債的票面利率是 0，這是可轉債和其他債券最大的差別，一般債券在評價時要將每期的利息收入（C）納入計算，而可轉債因為沒有固定配息，目前可轉債的票面利率是 0，所以沒有利息收入，計算上就相對簡單許多。

$$P = \frac{C}{(1+r)} + \frac{C}{(1+r)^2} + \frac{C}{(1+r)^3} + ... + \frac{C}{(1+r)^n} + \frac{F}{(1+r)^n}$$

- P ＝買入可轉債價格
- C ＝利息收入＝零
- F ＝賣回價格
- n ＝持有時間（年）
- r ＝到期收益率（YTM）

可轉債的票面利率是 0，所以沒有利息收入，可以將公式作簡化，計算變得相當簡單：

$$P = \frac{F}{(1+r)^n}$$

債 | 券 | 隨 | 堂 | 考

以永固一 KY（55461）為例計算到期收益率。

名稱	買進日期	買進成本	賣回日期	賣回價格
永固一 KY（55461）	2023 年 6 月 19 日	97.7 元	2023 年 12 月 16 日	101.51 元

　　永固 -KY（5546）因股價近 2 年大幅滑落，連帶永固一 KY（55461）跌至 100 元以下，因可轉債將於 2023 年 12 月 16 日到期，若趁永固一 KY 低於 100 元時買進，等到到期日時就能以賣回價格 101.51 元賣回給公司。

　　若投資人於 2023 年 6 月 19 日買進永固一 KY 97.7 元（P），賣回日 2023 年 12 月 16 日以 101.51 元（F）賣出，投資期間一共持有 180 天，換算年份約 0.5 年（n）。

　　接著將 P ＝ 97.7 元，F ＝ 101.51 元，n ＝ 0.5 年，代入公式計算，可以求得「到期收益率（YTM）」高達 7.9%。

　　透過計算可以觀察出，只要買進的成本低於賣回價格，就可以確保最終能獲利，如果買進的價格低於賣回價愈多或是持有期間愈短，能夠有效提高我們的投資效率。最好的投資時機通常是在系統性風險影響到大盤時，此時的可轉債容易出現較低的價格。

　　例如 2020 年 3 月新冠疫情爆發，很多有發行可轉債公司的財務狀況是很健全的，若此時可轉債價格遠低於賣回價格時，是很適合買進可轉債的時機，風險也相當低。

留意公司非系統風險，避免踩雷

在沒有系統性風險的情況下，必須關注公司的個別風險，如果有大幅遠離賣回價格的可轉債出現，雖然看似是很好的投資機會，仍要思考風險性，此種情況要特別注意公司的財報及內部人事異動的資訊，或是籌碼出現不尋常的跡象（例如融券突然大量增加），這些都是公司日後可能會違約的徵兆，在投資這類型可轉債時要非常小心，前面提過勝率是趨近100%，並不是完全無風險。

 債ㅣ券ㅣ隨ㅣ堂ㅣ考

> **2022 年英瑞一 KY（15921）下市**
>
> 2021 年 3 月，英瑞 -KY（1592）公告有貨款未償還給上游供應商，金管會查出在 2020 年 8 月董事長挪用公款，於 2021 年 12 月經調查，除了挪用公款外，還涉嫌內線交易，指使家人出脫持股，最終在 2022 年 1 月下市。
>
> 而英瑞一 KY 仍在 2021 年 11 月 18 日發行可轉債，從發行到停止交易日短短兩個月，可轉債價格跌至 26.8 元。這段期間雖買進可轉債到賣回時可能有豐厚的報酬，卻伴隨著極大風險，市場上的投資人也不是笨蛋，存在如此高的報酬卻仍有人以大幅虧損的價錢賣出，代表投資英瑞一 KY（15921）血本無歸的機率極高。

認識可轉債選擇權

可轉債選擇權從名稱可得知是可轉債和選擇權的結合，所以想學好可轉債選擇權，要熟悉可轉債和選擇權的買權概念。

可轉債選擇權的優點是結合可轉債的防禦性質和選擇權的槓桿特性，雖然是有高度槓桿的商品，但在和其他高風險性的商品相比，擁有較長時間價值（可轉債發行期間約 3 年至 5 年）與賣回價的優勢可有效提升勝率，這也是可轉債選擇權在市場上興起的主因。

開戶與下單

可轉換公司債資產交換（Convertible Bond Asset wap，簡稱 CBAS）通常隸屬證券商債券部門，較大型券商（如元大、凱基）通常皆有承作服務，開戶時需詳讀金融商品的風險、下單模式（電話、電子）、最小拆解數量以及交割時間，因每家規定略有不同，務必了解以避免違約交割的情形發生。

選擇權買權是什麼？

假設司馬懿看上了台中市七期某個地段的房子，認為五個月內一定會漲，該房子的買賣價格為 1,000 萬元，該房子的所有權為諸葛亮，於是司馬懿就預付給諸葛亮 20 萬元，買下「在五個月內可以用 1,000 萬元購買這間房子的權利」。

司馬懿就像選擇權的「買方」；諸葛亮就像選擇權的「賣方」。

司馬懿預付給諸葛亮的 20 萬元就像選擇權的「權利金」，該房子的買賣價格為 1,000 萬元就像選擇權的「履約價格」。

因司馬懿預付給諸葛亮 20 萬元，因此司馬懿擁有權利，這個「權利」就是賦予司馬懿可以決定將來是否要買下這間房子。

狀況一

三個月後房價漲到 1,100 萬元，司馬懿有兩個選擇：

■ 司馬懿可以選擇以 1,000 萬元買下這間房子。

■ 司馬懿也可以選擇以比 20 萬元更高的價格，把買進「買房的權利」賣給看好房價還會繼續漲的人。

例如：司馬懿以 100 萬元把買進「買房權利」賣給曹爽，曹爽就可以繼續參與房價上漲的好處，司馬懿因為賣出「買房權利」而賺了 80 萬元。以選擇權來說，司馬懿因權利金賺進了 80 萬元。

狀況二

五個月後，房價跌到 800 萬元。

司馬懿選擇不買進這間房子，也就是不履約。

如此一來，司馬懿的損失就是 20 萬元。以選擇權來說，司馬懿的損失就是之前支付 20 萬元的權利金。

選擇權是高槓桿商品，司馬懿支付 20 萬元的權利金，購買 1,000 萬元的房子，槓桿倍數為 50 倍（1000 萬元 ÷20 萬元）。

拆解可轉債選擇權模式

在可轉債選擇權中，A 券商買入可轉換公司債後，將可轉換公司債拆解為普通公司債與一個美式買權之選擇權（可隨時履約）。

公司債的買方通常為專業投資人（高資產客戶、法人），而一般投資人為交易選擇權端。持有可轉債選擇權的投資人僅需支付權利金與利息即可直接購買，達到與可轉債投資人享有同等權利且具有高度槓桿之效果。

投資可轉債選擇權的最大損失，為繳交全部權利金與利息，具有以小博大的特性。

圖 11-1　　拆解可轉債投資選擇權模式

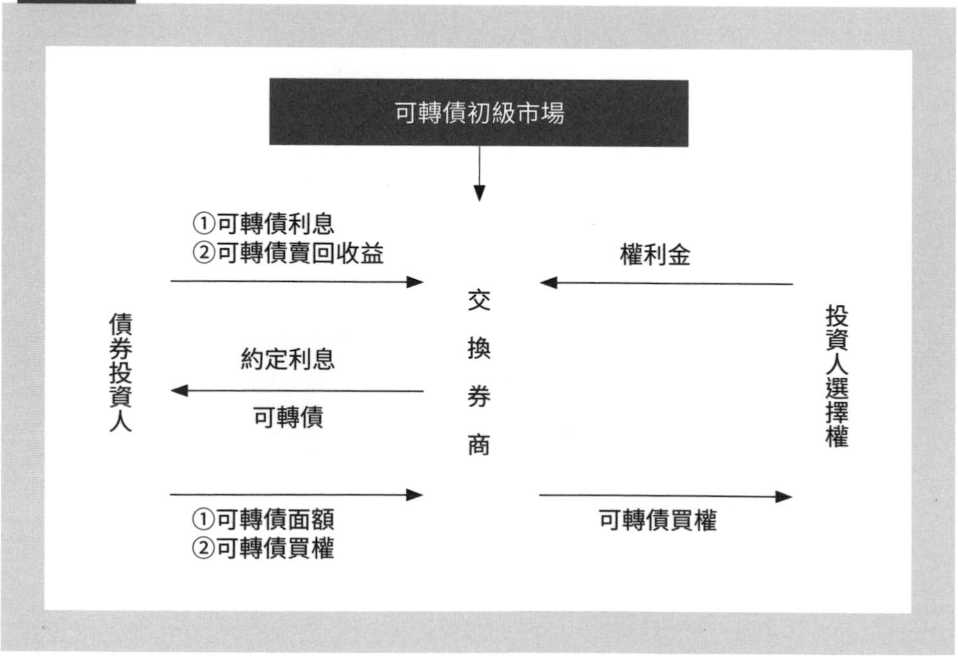

▎可轉債選擇權的概念與優勢

可轉債選擇權的概念，就是投資人以融資的方式買進可轉債，也就是說投資人以可轉債為抵押品向金融機構借錢的意思。

將可轉債作為抵押向金融機構借錢，如同司馬懿在台中七期買一間價值 3,000 萬元的大廈向銀行貸款。

司馬懿的職業是醫生，大廈是地處台中七期精華地段，貸款的成數應該可借到買賣價（市價）的 70%，也就是可以向銀行借到 2,100 萬元。

假如司馬懿持有一張湧德三（36893），司馬懿拿這張可轉債向金融機構抵押借款，金融機構將會借司馬懿多少錢？

一般而言，金融機構將以可轉債的賣回價格貸款給司馬懿，而為什麼金融機構要以賣回價格貸款給司馬懿？在假設可轉債不會違約的情況下，公司在賣回日將以賣回價格收回此債券，這筆錢就可償還給金融機構。

債Ｉ券Ｉ隨Ｉ堂Ｉ考

以湧德三（36893）做抵押向金融機構借款。

湧德三賣回價格為 100 元，湧德公司將在 2023 年 12 月 11 日以 100 元回收此債券。2022 年 1 月 3 日湧德三市價為 113.5 元，司馬懿可以用市價 113.5 元買進一張，然後向金融機構抵押借款 100 元。

司馬懿實際持有成本就變成：（113.5 － 100）× 1,000 ＝ 13,500 元。

如果司馬懿直接買一張湧德三（36893）的可轉債，則需要付出 113,500 元（113.5 元 × 1,000 股）。

可轉債選擇權是高槓桿商品

司馬懿只需要 13,500 元就可買一張湧德三價格 113,500 元的可轉債，槓桿倍數約 8.4 倍（113,500 元 ÷13,500 元）。

從上述例子來看，可轉債選擇權就是券商讓投資人可以借錢買可轉債所衍生出的業務。券商協助投資人借錢買可轉債，賺取手續費及利息，而投資人可以大幅降低持有可轉債的成本，雙方各取所需。

看懂報價單，權利金與權利金百元報價計算

要操作可轉債選擇權，首先要看懂報價單，從報價單中的「權利金百元報價」，可算出該檔可轉換公司債選擇權需支付的權利金。

買進可轉換公司債選擇權需支付的金額為：

（市價－賣回價）＋利息＋手續費

因為每檔可轉債的賣回價格不一定都是 100 元，因此券商為了方便計價，將利息、手續費兩個需支付金額整合為一個「權利金百元報價」。

| 表 11-1 | 湧德三（36893）的報價單 | | | | |

轉換債名稱	轉換債代號	賣回日	剩餘年限	權利金（百元價）	權利金（市價）
湧德三	36893	2023/12/11	0.94	2.17	15.67
履約利率	**賣回價格**	**CB 市價**	**轉換價值**	**溢價率**	**轉換價格**
2.10%	100	113.50	100.73	12.7%	37.72

例如：湧德三（36893）履約利率是 2.1％，距離賣回日 2023 年 12 月 11 日的天期還有 0.94 年，因此需要支付的利息為 1.974 元（2.1％ × 0.94），得出 1.974 元的金額還沒算手續費，因此「1.974 ＋手續費」才是百元報價。

反推可以得知，券商收取的手續費是報價單上的權利金為 2.17 扣除利息 1.974 ，為 0.196，也就是每張可轉債選擇權收 196 元手續費。

　　從權利金的百元報價表，所需權利金的公式為：

權利金（市價）＝（可轉債市價－100）＋權利金百元報價

　　湧德三市價為 113.5 元，因此透過可轉債選擇權交易買進湧德三，須支付的金額就是 15.67 元（113.5 － 100 ＋ 2.17）。

可轉債選擇權實戰篇

若司馬懿於 2023 年 1 月 3 日決定進場，以市價為 113.5 元買進湧德三（36893）一張，然後向金融機構抵押借款 100 元。

司馬懿需要支付［（市價－賣回價格）＋利息＋手續費］的金額＝［（113.5 – 100）＋利息＋手續費］。

湧德三（36893）履約利率為 2.1％，借 10 萬元 1 年的利息是 2,100 元，換算每天利息 5.75 元（2,100 元 ÷365 天）。

2023 年 1 月 3 日買進湧德三，距離賣回日 2023 年 12 月 11 日還有 343 天，因此預收利息 1,972 元，前面計算的手續費為 196 元。

所以司馬懿買進 1 張湧德三可轉債選擇權需支付的金額為：

（113,500 － 100,000）＋ 1,972 ＋ 196 ＝ 15,668 元

在可轉債不違約的情況下，只會有兩種情況：到期前賣出或賣回日以 100 元讓公司回收。

債 ┃ 券 ┃ 隨 ┃ 堂 ┃ 考

到期前賣出

假設在 2023 年 4 月 13 日以市價 121.1 元賣出湧德三，獲利就是：

賣出價－買進價－借款天數利息－手續費

＝ 121,100 元－ 113,500 元－ 借款天數利息－手續費

而司馬懿 1 月 3 日預付 1,972 元的利息，但實際借款的天數僅 100 天（2023 年 1 月 3 至 4 月 13 日），利息只要支付 575 元，而手續費是 196 元，湧德三選擇權的總獲利為：

買賣手續費兩次為 392 元（196 元＋ 196 元＝ 392 元）。

121,100 元－ 113,500 元－ 575 元－ 392 元＝ 6,633 元

在買賣湧德三可轉債選擇權的交易中，司馬懿付出的成本為 15,668 元，獲利為 6,633 元，報酬率約將近 42.33%（6,633 元 ÷15,668 元）。

如果以 113,500 元買進湧德三的可轉債，以 121,100 元賣出，報酬率約 6.7%，槓桿與否，報酬率將有極大差異。

狀況二 賣回日以 100 元賣回公司

　　假設在賣回日 2023 年 12 月 11 日以 100 元賣回之前，湧德（3689）股價下跌至低於轉換價 31.72 元，司馬懿可以把湧德三放著不管，到期以 100 元賣回給公司，司馬懿虧損為付出的成本 15,668 元，到期後大家銀貨兩訖，賣回價金回到券商戶頭。

　　由於是可轉債的賣回出場的機制，才讓這個交易得以成立。可轉債選擇權運作方式可以用簡單的思維思考，當這張可轉債不是司馬懿所擁有，但他有權利決定何時買賣，也就是說，司馬懿在交易的過程中只擁有買賣的權利，實際上可轉債選擇權是以買權的形式進行交易，因此對湧德三支付成本 15,668 元稱為權利金而不是擁有這一張可轉債。

　　而券商雖然擁有可轉債，但沒經過司馬懿同意便不能自行賣出。於是在整個交易過程中，券商只賺利息並不承擔價差損益，盈虧由持有可轉換公司債的司馬懿負責。因為券商是可轉債實際持有者，一旦債券到期，券商將可轉債賣回發行公司，錢將直接返還到帳上，券商就不存在司馬懿欠錢不還的問題。

債 I 券 I 隨 I 堂 I 考

群聯一賣回價格為 100 元，群聯公司將在 2024 年 12 月 27 日以 100 元回收此債券。

2023 年 7 月 21 日群聯一市價為 110 元，司馬懿可以以市價 110 元買進一張，然後向金融機構抵押借款 100 元，實際持有成本就變成：

（110 － 100）× 1,000 ＝ 10,000 元

如果司馬懿直接買一張群聯一可轉債需要 110,000 元（110 元 × 1,000 股）。現在司馬懿只需要 10,000 元就可買一張群聯一的可轉債。

假設司馬懿 2023 年 7 月 21 日以市價為 110 元買進群聯一一張，然後向金融機構抵押借款 100 元。

司馬懿需要支付 ［（市價－賣回價格）＋利息＋手續費］ ＝ ［（110 － 100）＋利息＋手續費］。

履約利率為 2.8 ％，司馬懿 2023 年 7 月 21 日買進群聯一（82991）距離賣回日 2024 年 12 月 17 日還有 505 天，因此預收利息 3,874 元，可轉債手續費以千分之一計算為 110 元（110,000 ×0.001）。

所以司馬懿買進一張群聯一（82991）可轉債選擇權需支付的金額為：

（110,000 － 100,000）＋ 3,874 ＋ 110 ＝ 13,984 元

在可轉債不違約的情況下，只會有二種情況：到期前賣出、賣回日以 100 元讓公司回收。

狀況一 到期前賣出

假設在 2023 年 12 月 31 日以市價 125 元賣出群聯一獲利就是：

賣出價－買進價－利息－買賣手續費

125,000 － 110,000 －利息－手續費

而司馬懿 7 月 21 日預付 3,874 元的利息，但實際借款的天數僅 163 天（2023 年 7 月 21 至 12 月 31 日），利息只要支付 1,250 元。而賣出手續費千分之 1 則是 125 元，目前可轉債停徵證交稅，因此不須負擔稅金。

買賣手續費為 235 元（110 元＋ 125 元＝ 235 元）。

群聯一的總獲利為：

125,000 － 110,000 － 1,250 － -235 ＝ 13,515 元

在買賣群聯一可轉債選擇權的交易中，司馬懿付出的成本為 13,984 元，獲利為 13,515 元，報酬率約將近 96.65%；如果以 110,000 元買進群聯一（82991）的可轉債，以 125,000 元賣出，報酬率約 13.63%，槓桿與否，報酬率將有極大差異。

狀況二 賣回日以 100 元賣回公司

假設在 2024 年 12 月 20 日以 100 元賣回日之前，群聯一股價下跌至低於轉換價 520.6 元，司馬懿到期以 100 元賣回給公司，司馬懿虧損為付出的成本 13,984 元，到期後大家銀貨兩訖，賣回價金回到券商戶頭。

權利金與權利金百元報價計算與差異

權利金隨可轉債價格變動，主要是權利金與權利金百元報價兩者最大差異在於，當天權利金百元報價不會變動，但權利金卻隨可轉債價格變動。因為權利金百元報價是由賣回價、利息及手續費構成，這些項目都是固定的，而可轉債買進價格卻是變動的。

 債 ｜ 券 ｜ 隨 ｜ 堂 ｜ 考

以群聯一（82991），司馬懿如果買在 110 元，這時要支付的金額為（110 － 100）＋ 4.34 ＝ 14.34 元。

若漲至 200 元，需支付的金額為（200 － 100）＋ 4.34 ＝ 104.34 元。

所以不管群聯一可轉債價格是 125 或 130 元，甚至大漲到 200 元，群聯一當天的百元報價都是 4.34 元，但支付的權利金會隨著可轉債價格變動而有漲跌。

實務上會簡稱權利金百元報價為報價，權利金就是要支付的全額。

例如：群聯一（82991）履約利率是 2.8%，距離賣回日的 2024 年 12 月 17 日距離天期還有 1.35 年，因此需要支付的利息為 3.78（2.8% × 1.35）得出 3.78 的金額，還沒算手續費，因此「3.78 ＋手續費」才是百元報價。

反推可以得知，券商收取的手續費是報價單上的 4.34 扣除利息 3.78 為 0.56，也就是每張可轉債選擇權收 560 元手續費。

表 11-2　群聯一 2023 年 7 月 21 日收盤價

轉換債名稱	轉換債代號	賣回日	剩餘年限	權利金（百元價）	權利金（市價）
群聯一	82991	2024 年 12 月 17 日	1.35	4.34	114.34
履約利率	賣回價格	CB 市價	轉換價值	溢價率	轉換價格
2.8%	100	110	76.55	43.7%	520.6

從權利金的百元報價表，所需權利金的公式為：

權利金＝（可轉債市價－ 100）＋權利金百元報價

群聯一市價為 110，因此透過可轉債選擇權交易買進群聯一，須支付的金額就是 14.34 元（110 － 100 ＋ 4.34）。

可轉債選擇權的風險

　　可轉債選擇權的風險大致與可轉債一致，但因投資選擇權的投資人在具有槓桿的情況下，風險同時也被放大，多數情況最差皆為失去本金，不過在流動性有狀況下，若誤賣可能有倒賠給券商的情形發生。

1. 信用風險

　　可轉債選擇權的信用風險與可轉債不同的地方在於，投資可轉債選擇權投資人沒有債權人的權利，所以當發生信用風險時，本金將會全部損失且無法獲得公司清算後的餘額。

2. 利率風險

　　通常利率的變動是較長期趨勢，可轉債的發行通常也為三年或五年，在可轉債提到的升降息對於債券的影響，妥善利用趨勢可以在有槓桿的狀況下，降低許多的成本並取得報酬。

3. 流動性風險

　　可轉債選擇權同樣需注意可轉債流動性過低的三項原因，另外，因可轉債選擇權具有槓桿，當買賣價差比過大時，對應的成本也將放大。

圖 11-2 德淵二（47202）2023 月 8 月 28 日的股價

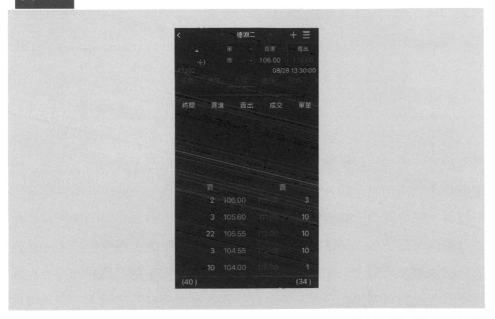

例如：德淵（4720）在 2023 月 8 月 28 日股價波動於平盤附近，但德淵二（47202）在五檔報價最高委買價僅 106 元，而前一日成交價為 109 元，在股票無漲跌的情況下，若以市場成交價共識做依據，不以可轉債合理價作為前提，德淵二成交也應該是 109，但想以市價賣出德淵二的話則必須承受價差的損失：

可轉債承受的買賣價差比率：

（109 － 106）÷109 ＝ 2.75%

可轉債選擇權承受的買賣價差比率：

（9 － 6）÷9 ＝ 33.33%

可轉債與可轉債選擇權相比之下，因為後者僅交易選擇權部分，即使價差均為 3 元，但因為商品交易成本的不同，比例會有極大的差距，這是更需要注重流動性的原因。

投資可轉債與可轉債選擇權的抉擇

無論做任何投資，最重要的都是了解金融商品的特性與自身投資目標是否符合，每個人的風險承受能力與投資收益目標都不盡相同，沒有一種金融商品是完美無缺的，都是在運用各種商品的優劣之處，在風險與報酬中拔河。在可轉債的介紹中，「注重有限的風險，獲得無限的報酬」，是此金融商品的主軸，其犧牲的部分，是在普通股股價上漲至轉換價之前溢價率的報酬。喜好中長期交易，以及想要在低風險中穩定獲利的投資人都非常適合投資可轉債，而本金較小或是喜歡運用槓桿的投資人，在風險承受能力允許下，可以選擇投入有著兼顧較長時間價值與債券特性的可轉債選擇權。

投資切記，「控制風險」與「保護本金」是一輩子的課題，只有在退出投資市場，帶走獲利那刻起，才能宣示勝利，只要仍在資本市場中廝殺的一天，市場的險惡都可能讓資產在一瞬間化為烏有。

MEMO

B001

億元教授上課了！
寫給理財小白的第一本債券投資書

作　　　者	鄭廳宜
責 任 編 輯	鍾宜君
封 面 設 計	FE 設計
內 頁 排 版	簡單瑛設
校　　　對	呂佳真

出　　　版	晴好出版事業有限公司
總 編 輯	黃文慧
副 總 編 輯	鍾宜君
行 銷 企 畫	胡雯琳
地　　　址	104102 台北市中山區復興北路 38 號 7 樓之 2
網　　　址	https://www.facebook.com/QinghaoBook
電 子 信 箱	Qinghaobook@gmail.com
電　　　話	（02）2516-6892　　　傳　　　真｜（02）2516-6891

發　　　行	遠足文化事業股份有限公司（讀書共和國出版集團）
地　　　址	231023 新北市新店區民權路 108-2 號 9 樓
電　　　話	（02）2218-1417　　　傳　　　真｜（02）2218-1142
電 子 信 箱	service@bookrep.com.tw
郵 政 帳 號	19504465（户名：遠足文化事業股份有限公司）
客 服 電 話	0800-221-029　　　團 體 訂 購｜02-22181717 分機 1124
網　　　址	www.bookrep.com.tw
法 律 顧 問	華洋法律事務所／蘇文生律師
印　　　製	東豪印刷
初 版 二 刷	2023 年 10 月
定　　　價	420 元
I S B N	978-626-97758-4-2（平裝）
E I S B N	9786269775866（PDF）
	9786269775873（EPUB）

國家圖書館出版品預行編目 (CIP) 資料

億元教授上課了！寫給理財小白的第一本債券投資書 / 鄭廳宜著 . -- 初
版 . -- 臺北市：晴好出版事業有限公司出版；新北市：遠足文化事業股
份有限公司發行, 2023.10
256 面；17×23 公分
ISBN 978-626-97758-4-2（平裝）
1.CST: 債券　2.CST: 投資技術　3.CST: 投資分析
563.53　　　　　　　　　　　　　112015641